guia do gosto carioca

guia do gosto carioca

Dos endereços tradicionais aos mais descolados, saiba onde encontrar a boa gastronomia carioca

SENAC
editora
RIO

SISTEMA FECOMÉRCIO-RJ
SENAC RIO

Presidente do Conselho Regional
Orlando Diniz

Diretor do Senac Rio
Julio Pedro

Conselho Editorial
*Julio Pedro, Eduardo Diniz, Vania Carvalho,
Wilma Freitas, Manuel Vieira e Elvira Cardoso*

Editora Senac Rio
Rua Marquês de Abrantes, 99/2º andar
Flamengo – Rio de Janeiro
CEP: 22230-060 – RJ
comercial.editora@rj.senac.br
editora@rj.senac.br
www.rj.senac.br/editora

Publisher
Manuel Vieira

Editora
Elvira Cardoso

Produção editorial
*Karine Fajardo (coordenadora)
Camila Simas, Cláudia Amorim, Michele Paiva e
Roberta Santiago (assistentes)*

Concepção editorial
Maria Beatriz Dal Pont e Patricia de Gomensoro

**Consultor de gastronomia, organizador, redator
e fotógrafo**
Bruno Agostini

Assistente de apuração
Aline Duque Erthal

Projeto gráfico
Cria Caso Publicações Customizadas | Mariana Nahoum

Editoração eletrônica e finalização de arquivos
Ó de Casa | Inês Coimbra

Ilustrações
Marlon Tenório

Impressão
Gráfica Santa Marta

1ª edição: novembro de 2011

Texto revisado segundo o Novo Acordo Ortográfico da
Língua Portuguesa, em vigor no Brasil desde 2009.

CIP-BRASIL. CATALOGAÇÃO-NA-FONTE
SINDICATO NACIONAL DOS EDITORES DE LIVROS, RJ

G971

Guia do gosto carioca : dos endereços tradicionais aos mais descolados, saiba onde encontrar a boa gastronomia carioca.
Rio de Janeiro : Ed. Senac Rio, 2011.

304 p. : il. color. ; 16 cm

Inclui alguns locais do Interior Fluminense, Região dos Lagos, Costa Verde, Região Serrana e Vale do Paraíba

ISBN 978-85-7756-165-0

1. Restaurantes – Rio de Janeiro (RJ) – Indicadores. 2. Bares – Rio de Janeiro (RJ) – Indicadores. 3. Gastronomia – Rio de Janeiro (RJ)
– Indicadores. 4. Rio de Janeiro (RJ) – Indicadores.

10-6251.

CDD: 647.958153
CDU: 640.43(815.3)

sumário

Apresentação 9

Nota do editor 13

Consultando o guia 15

Para encontrar a boa
gastronomia carioca por...

... tipo de cozinha

... categoria ou especialidade

... localização

BAIRROS

apresentação

O Senac Rio apresenta o *Guia do gosto carioca*.

Aqui você não encontrará todos os bares e restaurantes do Rio de Janeiro; apenas os melhores. Escolhemos os mais representativos, os que apresentam as mais variadas e deliciosas razões para uma visita, ou muitas.

Neste guia está a nata da gastronomia carioca. Não importa se alta ou baixa, se é um pé-sujo ou o Copacabana Palace, se é o Cadeg ou o Gero, se é Zona Norte ou Zona Sul, se é capital ou interior. Podemos comer angu à baiana e caviar, jiló com linguiça e foie gras com trufas; podemos beber chope, pinga ou champanhe; podemos ir descalços ou de terno e gravata; podemos ir sem camisa ou encasacados, com gorro e cachecol. O certo é que vamos sair satisfeitos.

Os endereços aqui reunidos traduzem bem o espírito do Rio de Janeiro em um painel amplo e variado, que vai dos botecos aos restaurantes mais finos; das padarias, sorveterias e cafés aos mercados, feiras e produtores rurais; das lojas de alimentos às delicatessens; das cervejarias às comidas de praia. Também incluímos alguns locais nas cidades do interior fluminense, da Região dos Lagos à Costa Verde, da Região Serrana ao Vale do Paraíba.

O que importa é que o lugar seja bom. E não é pouca coisa: são 250 estabelecimentos, já que nunca se falou tanto em comida quanto hoje. Esse interesse faz crescer imensamente a quantidade de novas opções para se comer e beber bem.

Além das novidades, os endereços tradicionais continuam firmes, alimentando os cariocas com boa comida e muita história. São verdadeiros monumentos, patrimônios da cidade: é o Rio servido em forma do cabrito do Nova Capela, do chope do Bar Brasil, do filé à Oswaldo Aranha do Cosmopolita, da Sopa Leão Veloso do

Rio Minho, da canja do Lamas, da vista do Bar Lagoa (e do chope com salsichão), do Biscoito Globo e do Sorvete Itália. Estamos tão integrados a esses locais que aqui eles são citados pelo modo como são mais conhecidos. Assim, o "Bar da Dona Maria", na Tijuca, por exemplo, aparece dessa forma, em vez de figurar com seu nome oficial, Café e Bar Brotinho.

Este guia é assim: descontraído como a cidade e seus endereços. Conheça ou revisite os lugares aqui reunidos e vivencie uma experiência gastronômica genuinamente carioca.

Bruno Agostini
Organizador
Jornalista e fotógrafo especializado em turismo, gastronomia e vinhos

nota do editor

"Por que mais um guia de restaurantes do Rio?", talvez você se pergunte. No entanto, diferentemente de um guia tradicional – que em geral se concentra nas dicas mais sofisticadas e de um dos lados do túnel – este é um guia dos endereços da mais fina gastronomia carioca. E por "endereço", entenda qualquer endereço mesmo: da Zona Norte ou da Zona Sul, do Centro da cidade ou da Região dos Lagos. Por "fina gastronomia", entenda "boa comida", seja ela cara ou barata. O fio condutor deste livro é a qualidade gastronômica aliada ao jeito de ser carioca. Que lugares – sejam eles restaurantes, quiosques, bares, feiras, mercados – reúnem essas características? Onde os cariocas se sentem em casa? E onde os não cariocas podem vivenciar experiências genuínas da nossa culinária fugindo dos chavões para turistas? Foram essas as perguntas que nortearam a nossa pesquisa.

Você pode consultar este guia de diversas formas: folheando as páginas com as dicas e deparando-se com lugares novos ou com aqueles que você precisa revisitar; pelo tipo de cozinha (alemã, italiana, mineira...); pela categoria (churrascarias, comidas rápidas, galetos, pós-praia, românticos...) ou pela localização. Outra forma de consultá-lo é: se você já souber o nome do lugar que deseja buscar, este livro está todo em ordem alfabética. Para facilitar ainda mais, há um índice com todos os nomes no fim da obra. Recomendamos que comece sua leitura pelo tópico "Consultando o guia". Tudo isso está explicado lá.

Esperamos que aqui você encontre ainda mais inspiração para programar seus passeios gastronômicos de fim de semana ou sua *happy hour* com os amigos, esteja você no *mood* de um sanduíche de linguiça com chope gelado, um picadinho ou um cozido. O importante é descobrir, redescobrir ou aprofundar a sua alegria de viver no Rio.

consultando o guia

Se você já decidiu o cardápio, mas não sabe aonde ir, ou, ao contrário, definiu o local, mas ainda pretende escolher o que comer, esta parte inicial foi feita sob medida para atender às suas necessidades. Cada restaurante, bar ou ponto gastronômico é apresentado pelo tipo de cozinha, pela categoria ou por sua especialidade, bem como pela localização geográfica (Rio de Janeiro ou arredores).

Em seguida, os verbetes aparecem em ordem alfabética, com indicações de endereço, telefone, site e dias e horários de funcionamento. Também é informado, sob a forma de ícones (ver Legendas), se há estacionamento, se são aceitos cartões de crédito e tíquetes-alimentação, qual é a média de preço, se o local faz entrega, se é recomendável fazer reserva e se há acesso para cadeirantes.

Quando há filiais, estas são mencionadas logo após os ícones. Algumas delas podem ter horários e características distintas da matriz, mas todas valem uma visita.

Legendas:

🚗	Estacionamento: sim ou não
💳	Cartão de crédito: não ou A | D | M | V (algum desses cartões ou todos)
$	Média de preço: $, $$, $$$ ou $$$$
🚴	Faz entrega: sim ou não
🎫	Aceita tíquete-alimentação: sim ou não
🕐	É recomendável fazer reserva: sim ou não
♿	Acesso para cadeirantes: sim ou não

Média de preço de uma refeição completa (entrada, prato principal, sobremesa e bebida não alcoólica):

$ Até R$ 35
$$ De R$ 36 a R$ 60
$$$ De R$ 61 a R$ 90
$$$$ Acima de R$ 90

Cartões de crédito:

A   American Express
D   Diners
M   Mastercard/Credicard
V   Visa

Para finalizar, são apresentadas as carioquices – aquilo que só encontramos no Rio de Janeiro, tudo junto e misturado: feira com sushi, escola de samba com feijoada, apartamento que é restaurante...

O *Guia do gosto carioca* tem as informações para tornar seu café da manhã, almoço, lanche, jantar ou passeio pela cidade e seus arredores algo ainda mais agradável. Aqui, a gastronomia, aliada à cultura e ao entretenimento, prova que nem só de praia vive o Rio de Janeiro. Aproveite!

Para encontrar a boa gastronomia carioca por...

... tipo de cozinha

Alemã
Adega do Pimenta | Bar Brasil | Bar Lagoa | Bar Luiz | Bräun & Bräun | Bürgermeister | Faria | Málaga | Mike's Haus | Otto | Taberna Alpina

Amazônica
Arataca | Palaphita Kitch

Árabe
Amir | Baalbeck | Cedro do Líbano | Rotisseria Sírio Libaneza | Sírio e Libanês | Yalla

Asiática
Mekong Bar | Nam Thai | Sawasdee

Baiana
Acarajé da Nega Teresa | Bira | Siri Mole & Cia. | Yorubá

Brasileira
Academia da Cachaça | Angu do Gomes | Aprazível | Banana da Terra | Brasileirinho | Casa da Feijoada | Escondidinho | O Navegador | Pousada da Alcobaça | Quiosque do Lapinha

Caiçara
Banana da Terra | Quiosque do Lapinha

Chinesa
Mr. Lam

Contemporânea
Doiz | Eça | Laguiole | Le Pré Catelan | Meza Bar | Miam Miam | Mok | Oro | Oui Oui | Quadrucci | Restô | Roberta Sudbrack | Shin Miura | Zuka

Espanhola
Eñe | Fim de Tarde | Parador Valência

Francesa
Blason | Brasserie Rosário | Cremerie Genève | CT Brasserie | Fazenda das Videiras | Garcia & Rodrigues | Ix Bistrô | L Café Noir | Le Pré Catelan | Le Vin | Olympe

Italiana
Anna Ristorante | Birosca Romana di Sandro | Cipriani | D'Amici | Da Brambini | Duo | Fasano al Mare | Forneria São Sebastião | Funghi d'Oro | Gero | Giuseppe | Il Perugino | La Fiducia | La Forneria | Locanda Della Mimosa | Margutta | Osteria Dell' Angolo | Pomodorino | Quadrifoglio | Quadrucci | Satyricon | Terzetto

Japonesa
Azumi | Shin Miura | Sushi Leblon | Sushi San Mi | Ten Kai | Warabi

Mineira
Bar do Mineiro | Brasileirinho | Gosto com Gosto

Portuguesa
Adega Flor de Coimbra | Adegão Português | Adonis | Alfaia Restaurante | Antiquarius | Camponesa da Beira | Cantinho das Concertinas | Casual Retrô | Gruta de Santo Antônio | Mosteiro | Oliveiras da Serra | Parrô do Valentim

Russa
Dona Irene

Tailandesa
Nam Thai | Sawasdee

Tradicional
Aboim | Academia da Cachaça | Adega do Cesare | Adega Flor de Coimbra | Adega Pérola | Adegão Português | Amarelinho (Choperia Bar Amarelinho) | Antiquarius | Astor | Bar Brasil | Bar do Joia | Bar Lagoa | Bar Luiz | Bar Urca | Braseiro da Gávea | Cantinho do Leblon | Cervantes | Confeitaria Colombo | Cosmopolita | Esplanada Grill | Filé de Ouro | Jobi | Lamas | Majórica | Málaga | Mosteiro | Nova Capela | Parrô do Valentim | Pastoria (28) | Rio Minho | Salete | Sírio e Libanês | Taberna Alpina

... categoria ou especialidade

Bares
Astor | Bar do Adão | Bar Imaculada | Q Gastrobar

Bons e baratos
Aboim | Adega do Cesare | Adonis | Birosca Romana di Sandro | Escondidinho | Gracioso | Lua e Mar | Pastoria (28) | Pavão Azul | Quiosque do Lapinha | Salete

Botecos
Aboim | Aconchego Carioca | Adega Timão | Adonis | Amarelinho (Choperia Bar Amarelinho) | Angu do Gomes | Armazém Senado | Bar da Amendoeira | Bar da Dona Maria (Café e Bar Brotinho) | Bar da Frente | Bar da Portuguesa | Bar do Chuveiro | Bar do Costa | Bar do Gomez (Armazém São Thiago) | Bar do Hortomercado | Bar do Joia | Bar do Mineiro |

Bar dos Pescadores | Bar Rebouças | Bar Urca | Bar Varnhagen | Bip Bip | Bracarense | Cachambeer | Café Gaúcho | Caldinho de Piranha | Caneco Gelado do Mário | Cantinho da Valéria Fernandes | Casual Retrô | Cervantes | Chico e Alaíde | Clipper (Casa Clipper) | Empanaderia Real | Enchendo Linguiça | Galeto 183 (Bar da Dona Ana) | Gracioso | Jobi | O Caranguejo | Opus | Original do Brás | Paladino | Panamá Bar | Pastoria (28) | Pavão Azul | Petit Paulette | Pontapé Beach | Quiosque do Português | Real Chopp | Salete

Bufês
Celeiro | Confeitaria Colombo | Pérgula

Café da manhã
Bibi Sucos | Da Casa da Táta | Escola do Pão | Garcia & Rodrigues | La Bicyclette | Le Vin | Polis Sucos | Universo Orgânico

Carnes
Braseiro da Gávea | Cantinho do Leblon | Casa do Filé | CT Boucherie | Esplanada Grill | Filé de Ouro | Fogo de Chão | Galeto 183 (Bar da Dona Ana) | Giuseppe Grill | Majórica | Otto | Porcão

Cervejarias
Aconchego Carioca | Bar da Frente | Bräun & Bräun | Bürgermeister | Cervejaria Caborê | Mike's Haus

Chás
Casa Cavé | Envídia | Imperatriz Leopoldina

Chocolates
Aquim | Eça | Envídia | Garcia & Rodrigues

Chopes
Adega do Pimenta | Adega Pérola | Adonis | Bar Brasil | Bar da Amendoeira | Clipper (Casa Clipper) | Hipódromo

Churrascarias
Fogo de Chão | Porcão

Comidas de rua
Acarajé da Nega Teresa

Comidas rápidas
Acarajé da Nega Teresa | Baalbeck | Bibi Sucos | Polis Sucos | Yalla

Comidinhas
Além do Jardim | Aquim | Casa Cavé | Confeitaria Colombo | Da Casa da Táta

Crepes
Chez Michou | Le Blé Noir

Delicatessens
Bordeaux Vinhos & Cia. | Brasserie Rosário | Casas Pedro | Garcia & Rodrigues | Lidador | O Fino da Roça | Queijaria Escola | Sítio do Moinho

Doces
Aquim | Casa Cavé | Confeitaria Colombo | Da Casa da Táta | Envídia | Garcia & Rodrigues | Kurt

Drinques
Academia da Cachaça | Astor | Doiz | Meza Bar | Miam Miam | Mr. Lam | Q Gastrobar | Restô

Galetos
Braseiro da Gávea | Galeto 183 (Bar da Dona Ana)

Happy hour
Adega Timão | Amarelinho (Choperia Bar Amarelinho) | Bar Urca | Café Gaúcho | Casa Villarino

Mercearias
Arataca | Armazém Senado | Casa Villarino

Modernos
Bar d'Hôtel | Doiz | Eñe | Q Gastrobar | Zazá Bistrô | Zozô

Naturebas
Celeiro | Universo Orgânico

Padarias
Brasserie Rosário | Escola do Pão | La Bicyclette | Le Vin | Pão & Pão | Sítio do Moinho | Talho Capixaba

Para grandes ocasiões
Antiquarius | Cipriani | Fasano al Mare | Gero | Olympe | Quadrifoglio | Roberta Sudbrack

Pescados
Albamar | Anna Ristorante | Banana da Terra | Bar do Chuveiro | Bar dos Pescadores | Bar Urca | Berbigão | Bira | Caldinho de Piranha | Caneco Gelado do Mário | Canto das Canoas | Eh-Lahô | Fasano al Mare | Giuseppe Grill | Lua e Mar | Margutta | Mônaco | O Caranguejo | O Pescador | Quiosque do Lapinha | Quiosque do Ranieri | Rio Minho | Rocka | Satyricon | Truta Rosa | Trutas do Rocio

Pizzas
Bráz | Capricciosa | La Forneria | Manjericão | Margarida Café | Tempero com Arte

Pós-praia
Aboim | Adega do Cesare | Bracarense | Chico e Alaíde | Clipper (Casa Clipper) | Jobi | Mônaco | O Caranguejo | Panamá Bar | Pavão Azul | Real Chopp

Produtores rurais
Apiário Amigos da Terra | Cremerie Genève | Queijaria Escola | Sítio do Moinho | Sítio Solidão

Queijos
Cremerie Genève | Queijaria Escola

Quiosques
Palaphita Kitch | Quiosque do Lapinha | Quiosque do Português | Quiosque do Ranieri

Românticos
Le Pré Catelan | Warabi | Zazá Bistrô

Saladas
Celeiro | Gula Gula | Universo Orgânico

Salgados
Casa Cavé | Casa do Alemão | Confeitaria Colombo | Padaria Bassil | Pão & Pão | Rotisseria Sírio Libaneza

Sanduíches
Bibi Sucos | Casa do Alemão | Cervantes | Focaccia | Joe & Leo's | Polis Sucos | Yalla

Sorveterias
Mil Frutas | Sorvete Itália | Vero

Sucos
Bibi Sucos | Opus | Polis Sucos | Universo Orgânico

Tapas
Doiz | Entretapas | ¡Venga!

Variados
Adega do Cesare | Alameda Restaurante | Alfaia Restaurante | Alvorada | Antiquarius | Aprazível | Babel Restaurante | Barão Gastronomia | Barsa | Bazzar | Bergut | Blason | Bordeaux Vinhos & Cia. | Braseiro da Gávea | Cantinho do Leblon | Casa Cavé | Casa da Suíça | Casa Villarino | Cavist | Cervantes | Confeitaria Colombo | Cosmopolita | Crescente Gastronomia | Da Casa da Táta | Eça | Escola do Pão | Escondidinho | Faria | Fazenda do Mel | Fim de Tarde | Funghi d'Oro | Grand Cru | Gula Gula | Hipódromo | Imperatriz Leopoldina | Laguiole | Le Gite d'Indaiatiba | Lorenzo Bistrô | Lua e Mar | Málaga | Margarida Café | O Navegador | O Quiosque | Olympe | Otto | Oui Oui | Pastoria (28) | Pérgula | Pousada da Alcobaça | Quinta | Restô | Roberta Sudbrack | Rocka | Rosmarinus | Tempero com Arte | Térèze | Terraço | Trigo | Vivenda Les 4 Saisons | Zazá Bistrô | Zozô | Zuka

Vinhos
Cavist | Grand Cru | Lidador

... localização

Andaraí
Salgueiro (Feijoadas) | Sushi do Arnaldo (Feiras)

Bangu
Sorvete Itália

Barra da Tijuca
Academia da Cachaça | Adegão Português | Bar do Adão | Bibi Sucos | Bráz | Capricciosa | Casa do Alemão | Cavist | Cervantes | Duo | Garcia & Rodrigues | Grand Cru | Gula Gula | Joe & Leo's | Le Vin | Lidador | Mil Frutas | Otto | Pizza Park (Mercados) | Polis Sucos | Porção | Siri Mole & Cia. | Sorvete Itália | Zuka

Barra de Guaratiba
Bira

Benfica
Adonis | Barsa | Cadeg (Mercados) | Cantinho das Concertinas | Poleiro do Galeto (Mercados)

Botafogo
Bar do Adão | Bibi Sucos | Fogo de Chão | Gula Gula | Joe & Leo's | Lidador | Miam Miam | Yorubá

Brás de Pina
Original do Brás

Cachambi

Bibi Sucos | Cachambeer | Lidador | Sorvete Itália

Catete

Berbigão | Rotisseria Sírio Libaneza

Centro

Adega Timão | Albamar | Amarelinho (Choperia Bar Amarelinho) | Bar do Joia | Bar Luiz | Bazzar | Beco das Sardinhas (Adega e Bar Quinta das Videiras, Bar Tesouro, O Rei dos Frangos Marítimos, Ocidental e Quina de Ouro) | Bergut | Brasserie Rosário | Café Gaúcho | Casa Cavé | Casa Villarino | Casas Pedro | Casual Retrô | Cedro do Líbano | Confeitaria Colombo | Eça | Escondidinho | Faria | Fim de Tarde | Focaccia | Galeto 183 (Bar da Dona Ana) | Giuseppe | Giuseppe Grill | Gracioso | Gula Gula | Lidador | Málaga | Margutta | Mosteiro | O Navegador | Opus | Padaria Bassil | Paladino | Pastoria (28) | Rio Minho | Shin Miura | Sírio e Libanês | Sorvete Itália | Ten Kai | Terraço

Copacabana

Aboim | Adega do Cesare | Adega Pérola | Alfaia Restaurante | Amir | Arataca | Azumi | Baalbeck | Bar do Adão | Bibi Sucos | Bip Bip | Brasileirinho | Capricciosa | Casas Pedro | Cervantes | Cipriani | Confeitaria Colombo | Feiras Orgânicas (Feiras) | La Fiducia | Le Blé Noir | Le Pré Catelan | Lidador | Mônaco | O Caranguejo | Panamá Bar | Pavão Azul | Pérgula | Real Chopp | Siri Mole & Cia.

Del Castilho

Adonis

Flamengo

Blason | Laguiole | Lamas | Majórica | Porcão

Gávea
Braseiro da Gávea | Da Casa da Táta | Gula Gula | Hipódromo | Ix Bistrô | Lidador

Glória
Casa da Suíça

Grajaú
Bar do Adão | Enchendo Linguiça | Sushi do Arnaldo (Feiras)

Humaitá
Alameda Restaurante | Casa do Filé | Cobal do Humaitá (Mercados) | Doiz | Entretapas | Far Up (Mercados) | Galeto Mania (Mercados) | Joaquina (Mercados) | Manekineko (Mercados) | Meza Bar | Oui Oui | Pizza Park (Mercados) | Puebla Café (Mercados) | Rota 66 (Mercados)

Ilha do Governador
Clipper (Casa Clipper) | Pontapé Beach | Sushi do Arnaldo (Feiras)

Ipanema
Anna Ristorante | Aquim | Astor | Bar Lagoa | Barteliê (Segredinhos) | Bazzar | Brasileirinho | Capricciosa | Casa da Feijoada | Cavist | Esplanada Grill | Fasano al Mare | Feiras Orgânicas (Feiras) | Forneria São Sebastião | Grand Cru | Gero | Gula Gula | La Forneria | Le Vin | Lidador | Margutta | Mil Frutas | Osteria Dell'Angolo | Polis Sucos | Porcão | Restô | Satyricon | Sorvete Itália | Ten Kai | Terzetto | ¡Venga! | Vero | Zazá Bistrô

Jacarepaguá
Sushi do Arnaldo (Feiras)

Jardim Botânico

Bar Rebouças | Bibi Sucos | Bráz | Capricciosa | Feiras Orgânicas (Feiras) | Filé de Ouro | Grand Cru | Gula Gula | La Bicyclette | Lorenzo Bistrô | Mil Frutas | Olympe | Oro | Polis Sucos | Quadrifoglio | Roberta Sudbrack

Lagoa

Escola do Pão | Mr. Lam | Palaphita Kitch | Pomodorino

Laranjeiras

Feira da Praça São Salvador (Feiras)

Lapa

Adega Flor de Coimbra | Armazém Senado | Bar Brasil | Bar do Adão | Cosmopolita | Nova Capela

Leblon

Academia da Cachaça | Antiquarius | Apartamento da chef Manoela Zappa (Segredinhos) | Aquim | Bar do Adão | Bar d'Hôtel | Bazzar | Bibi Sucos | Botequim Bate Papo (Mercados) | Bracarense | Cantinho do Leblon | Casa do Alemão | Cavist | Celeiro | Chico e Alaíde | Clipper (Casa Clipper) | Cobal do Leblon (Mercados) | CT Boucherie | Envídia | Feiras Orgânicas (Feiras) | Focaccia | Giuseppe Grill | Grand Cru | Gula Gula | Jobi | Joe & Leo's | Kurt | Lidador | Mekong Bar | Mil Frutas | Mok | Nam Thai | Q Gastrobar | Quadrucci | Quiosque do Português | Sawasdee | Sítio do Moinho | Sorvete Itália | Sushi Leblon | Talho Capixaba | Universo Orgânico | ¡Venga! | Yalla | Zuka

Leme

D'Amici | Da Brambini

Madureira
Império Serrano (Feijoadas) | Portela (Feijoadas)

Mangueira
Mangueira (Feijoadas)

Maria da Graça
Bar da Amendoeira

Praça da Bandeira
Aconchego Carioca | Bar da Frente | Petit Paulette

Ramos
Bar da Portuguesa

Santa Teresa
Acarajé da Nega Teresa | Adega do Pimenta | Aprazível | Bar do Gomez (Armazém São Thiago) | Bar do Mineiro | Mike's Haus | Térèze

São Conrado
CT Brasserie | Eñe | Gula Gula | Joe & Leo's | Hansl (Segredinhos) | Mil Frutas | Sawasdee

São Cristóvão
Adegão Português

Saúde
Angu do Gomes | Bar Imaculada

Tijuca

Bar da Dona Maria (Café e Bar Brotinho) | Bar do Adão | Bar Varnhagen | Casas Pedro | Feira da Rua Garibaldi (Feiras) | Lidador | Otto | Pizza Park (Mercados) | Salete | Sorvete Itália

Urca

Bar Urca | Zozô

Vargem Grande

Quinta

Vila Isabel

Bar do Costa | Vila Isabel (Feijoadas)

ARREDORES

Angra dos Reis

Bar do Chuveiro | Canto das Canoas | Mil Frutas

Araras

Alvorada | Oliveiras da Serra | Trigo

Búzios

Bar dos Pescadores | Capricciosa | Chez Michou | Empanaderia Real | Mil Frutas | Quadrucci | Quiosque do Ranieri | Rocka | Satyricon | Sawasdee | Sorvete Itália

Cabo Frio

L Café Noir

Corrêas
Pousada da Alcobaça

Duque de Caxias
Casa do Alemão

Engenheiro Paulo de Frontin
Vivenda Les 4 Saison

Ilha Grande
Lua e Mar | O Pescador

Itaipava
Barão Gastronomia | Bar do Hortomercado | Bordeaux Vinhos & Cia. | Casa do Alemão | Il Perugino | Lidador | Parador Valencia | Parrô do Valentim | Sítio do Moinho | Vila Luiz Salvador (Don Bistrô e Sun Garden)

Miguel Pereira
Sítio Solidão

Niterói
Alto Minho (Mercados) | Berbigão | Bergut | Bibi Sucos | Caneco Gelado do Mário | Gruta de Santo Antônio | Mercado São Pedro (Mercados) | Parada Bonde (Mercados) | Sorvete Itália | Sushi San Mi

Nogueira
Pão & Pão

Nova Friburgo
Além do Jardim | Apiário Amigos da Terra | Bräun & Bräun | Bürgermeister | Crescente Gastronomia | Queijaria Escola

Paraty
Alambiques (Coqueiro, Corisco e Engenho d'Ouro) | Banana da Terra | Cachaçarias (Armazém da Cachaça, Empório da Cachaça e Associação dos Produtores e Amigos da Cachaça Artesanal) | Cervejaria Caboré | Eh-Lahô | Le Gite d'Indaiatiba | Margarida Café | Quiosque do Lapinha

Petrópolis
Alvorada | Bordeaux Vinhos & Cia. | Casa do Alemão | Fazenda das Videiras | Funghi d'Oro | Imperatriz Leopoldina | Locanda Della Mimosa | O Quiosque | Trutas do Rocio

São João de Meriti
Casa do Alemão

Teresópolis
Birosca Romana di Sandro | Caldinho de Piranha | Camponesa da Beira | Cantinho da Valéria Fernandes | Cremerie Genève | Dona Irene | Manjericão | Taberna Alpina | Tempero com Arte

Visconde de Mauá
Babel Restaurante | Fazenda do Mel | Gosto com Gosto | O Fino da Roça | Rosmarinus | Truta Rosa | Warabi

restaurantes, bares, botecos etc.

Aboim PF com uísque

Bons e baratos, cozinha tradicional, botecos, pós-praia

Rua Souza Lima, 16-B – Copacabana – Rio de Janeiro
Tel.: (21) 9818-5833
Todos os dias, das 7h à 0h

🚗 não 🍽 não $ ♻ não ⊠ não 🕐 não ♿ não

Poucos bares dignos de nota podem ser menores que esse incrível pé-sujo de Copacabana, frequentado por um público eclético que vai de aposentados e investidores da Bolsa de Valores a porteiros, serventes e grupos de jovens. A cerveja é servida bem gelada, mas o que mais chama a atenção em termos etílicos são os uísques: há uma ótima oferta de rótulos, com exemplares de até 18 anos, provavelmente com os melhores preços da Zona Sul, a partir de R$ 10 a dose. Entretanto, o que mais atrai o público é a qualidade da comida, a preços irresistíveis. Os pastéis são bem recheados e sequinhos. O pernil pode ser servido como aperitivo ou, ainda, no PF, que custa apenas R$ 9 e vem com os acompanhamentos que o freguês quiser. O feijão é de admirável cremosidade e tempero, e a farofa está entre as melhores do Rio. O Aboim é mesmo surpreendente!

Academia da Cachaça

Cozinhas brasileira e tradicional, drinques

Rua Conde Bernadotte, 26, loja G – Leblon – Rio de Janeiro
Tels.: (21) 2529-2680/2239-1542 | www.academiadacachaca.com.br
Todos os dias, das 12h até o último cliente

🚗 não   💳 D | M | V   💲💲   ♟ não   🚭 não   Ⓢ sim   ♿ sim

Filial Av. Armando Lombardi, 800, loja 65-L – Barra da Tijuca – Rio de Janeiro
(Condomínio Condado dos Cascais)
Tels.: (21) 2492-1159/2493-7956

Em 1985, quando foi inaugurado, muito antes de a cachaça entrar na moda, esse misto de bar e restaurante do Leblon já valorizava nossa aguardente, apresentando uma enorme variedade de rótulos de todo o país, além de batidas e versões diferentes da caipirinha (ao que parece, foram pioneiros ao servir a de lima-da-pérsia). Além dos "atributos cachaceiros", a casa serve um belo cardápio brasileiro, a começar pelos escondidinhos, formosa combinação de purê de aipim, carne-seca (ou camarão) e requeijão, receita que teria sido criada ali. Os petiscos são o ponto forte, e a lista inclui linguiça da chef Beth Beltrão, do restaurante Virada's do Largo, em Tiradentes, e preparos do Nordeste, como acarajé, carne de sol e queijo de coalho. A boa feijoada e a deliciosa empada são servidas diariamente. A Academia é muito procurada por grupos de amigos e por frequentadores dos teatros das proximidades, que vão atrás dos irresistíveis petiscos.

Acarajé da Nega Teresa
Salvador em Santa

Comidas de rua, cozinha baiana, comidas rápidas

Rua Almirante Alexandrino, 1.458 – Santa Teresa – Rio de Janeiro
Tel.: (21) 2232-1310 | www.negateresa.com
5ª f. a dom., das 18h30 às 23h30

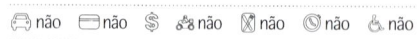 não   não $ não   não   não   não

Entre tantas baianas que preparam acarajé nas ruas do Rio, dando um tempero soteropolitano à cidade, a mais famosa é a Nega Teresa, no bairro que tem o nome da santa que é sua xará. Em um ponto da Rua Almirante Alexandrino, na altura do número 1.458, a baiana prepara um acarajé de tamanho apropriado para ser mordido, com farto recheio de vatapá, caruru e salada de tomate. Com sorriso largo, essa filha de Iansã bate a massa e frita os bolinhos de feijão--fradinho na hora, no caldeirão de dendê que perfuma a rua. Uma bela maneira de começar ou terminar um passeio por Santa Teresa.

Aconchego Carioca
A revolução dos botecos

Botecos, cervejarias

Rua Barão de Iguatemi, 379 – Praça da Bandeira – Rio de Janeiro
Tel.: (21) 2273-1035
2ª f., das 12h às 16h; **3ª f. a sáb.,** das 12h às 23h; **dom.,** das 12h às 17h

não   A|D|M|V $$ não   sim   sim   sim

>>

Como quem não quer nada, Katia Lopes inaugurou o seu pequeno boteco na Rua Barão de Iguatemi, nas adjacências da Praça da Bandeira. Aos poucos, o lugar foi ganhando fama por muitas razões: a variada carta de cervejas, os pratos substanciosos, como o camarão na moranga e, principalmente, o bolinho de feijoada – receita copiada por toda a cidade, já alcançando outros estados do país. De fato, o salgadinho, servido em porções com quatro unidades acompanhadas de batidinha de limão, é um espetáculo: a massa feita de feijão com carnes desfiadas envolve um recheio com couve e torresminho, uma loucura. Com o sucesso, o lugar ficou pequeno, e Katia acabou migrando para o outro lado da rua, em uma casa de esquina com direito a agradável quintal. Continua lotando, especialmente à noite e nos fins de semana, mas, nos dias úteis, mesmo na hora do almoço, pode haver espera. No novo espaço, com cozinha mais ampla, a cozinheira que encantou chefs como Claude Troisgros continua exercendo sua criatividade, e não param de surgir novidades. O bolinho de feijão-branco com rabada, por exemplo, já está em cartaz desde 2009. Recentemente, foi lançada mais uma leva de petiscos, como o pastel de camarão em massa de banana-da-terra e o bolinho de estrogonofe. É um endereço fundamental no roteiro etílico-gastro-boemio da cidade. Imperdível.

Adega do Cesare

À moda antiga

Cozinha tradicional, variados, bons e baratos, pós-praia

Rua Joaquim Nabuco, 44, lojas A/B – Copacabana – Rio de Janeiro
Tels.: (21) 2523-1429/2523-0467 | www.adegadocesare.com.br
Todos os dias, das 11h30 à 1h

não   A|D|M|V $$$ sim   sim   não   não

>>

A

Há três modos de serviço na Adega do Cesare, em Copacabana: no balcão do bar ou nas mesinhas do lado de fora, à base de chopes e petiscos; no salão do restaurante, com comida farta e (relativamente) barata; e pedindo em casa, para quem está entre os postos 6 e 8, principalmente. No primeiro caso, você vai se juntar aos moradores da região. O lugar é uma ótima parada depois da praia, com clientes em trajes de banho e com areia nas pernas. A empada é das melhores da cidade. No restaurante, o cardápio é daqueles clássicos, tipo década de 1980, com filé ao molho madeira com arroz à piemontese, supremo de frango à cubana e badejo à Belle Meunière. Os pratos servem, bem, duas pessoas. Tem a cara do Rio. Dos anos 1980.

Adega do Pimenta

Alemanha em Santa

Cozinha alemã, chopes

Rua Almirante Alexandrino, 296 – Santa Teresa – Rio de Janeiro
Tel.: (21) 2224-7554 | www.adegadopimenta.com.br
2ª f. a 6ª f., das 12h às 22h; **sáb.,** das 12h às 20h; **dom.,** das 12h às 18h

🚗 não 🍽 A|D|M|V $$$ ⛱ não ⊠ não 🚬 sim ♿ não

Para começar, croquetes de carne, salsichas e até um steak tartar. Como prato principal, difícil é escolher entre o joelho de porco e a feijoada de feijão-branco com salsichão, linguiça... Para acompanhar, um chope bem tirado ou um Steinheager e, para encerrar, um apfelstrudel. Apesar do nome brasileiríssimo, a Adega do Pimenta é um dos mais tradicionais endereços alemães do Rio de Janeiro. Pelas paredes, fotos de paisagens germânicas, bolachas de chope e recortes de jornal com reportagens, incluindo ótimos textos de Apicius,

>>

pioneiro colunista de gastronomia do Rio, que denunciam a idade da casa. O negócio cresceu, e a família tem hoje mais restaurantes: o Herr Pfeffer, no Leblon, e o Cervejota, em Itaipava.

Adega Flor de Coimbra   Beijos proibidos

Cozinhas portuguesa e tradicional

Rua Teotônio Regadas, 34, loja A – Lapa – Rio de Janeiro
Tels.: (21) 2224-4582/2224-9138 | www.adegaflordecoimbra.com.br
2ª f. a sáb., das 11h30 até o último cliente

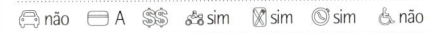

Todos os anos, no Dia dos Namorados, a fértil imaginação dos jornalistas coloca a Adega Flor de Coimbra em evidência. Não que este seja um dos endereços mais românticos do Rio ou algo nesse sentido, mas porque o restaurante proíbe beijos em seu salão nem tão grande assim. Resquícios de outros tempos. Fazer uma visita a essa tasquinha, como chamariam os portugueses, é mesmo um retorno ao passado. O ambiente tem um quê de anos 1980, com barris cheios de vinho de qualidade duvidosa, mas que são ótimas peças de decoração. Escondidinha na Rua Teotônio Regadas, na Lapa, a casa fica quase na famosa escadaria decorada pelo artista chileno Selarón, personagem marcante da cidade. O cardápio, ora pois, é lusitano, com bolinhos de bacalhau finos e compridos, arroz de lula, feijoada portuguesa – feita com feijão-manteiga e servida com uma irresistível farofa de torresmo – e cabrito. As opções para o almoço têm preços bem interessantes.

Adega Pérola · Entre tapas e chopes

Cozinha tradicional, chopes

> Rua Siqueira Campos, 138, loja A – Copacabana – Rio de Janeiro
> Tel.: (21) 2255-9425
> **2ª f. a sáb.,** das 10h à 0h
>  não A|D|M|V $ não não não não

No balcão refrigerado estão expostos mais de cinquenta petiscos, como linguiça ao vinho, ovos de codorna, salada de bacalhau, trutas à escabeche. É imperdível o vinagrete de polvo, ácido e apimentado na medida certa, com tentáculos macios, par perfeito para um chope bem tirado. Além dos acepipes frios, há uma considerável seleção de quentes, como caldinho de feijão e bolinho de aipim com camarão, mas a verdade é que as travessinhas que ficam na vitrine são as melhores pedidas na casa, que tem mesas para até oito pessoas, quase sempre compartilhadas por desconhecidos, o que cria um ambiente descontraído e animado. Entretanto, como nem tudo é perfeito, fecha cedo, à meia-noite, embora quem esteja lá dentro continue sendo atendido pelos simpáticos garçons.

Adega Timão · *Happy hour* democrática no Centro

Botecos, happy hour

> Rua Visconde de Itaboraí, 10 – Centro – Rio de Janeiro
> Tels.: (21) 2263-9011/2516-1065
> **3ª f. a dom.,** das 16h à 0h
> não A|M|V $$$ não não não não

É hoje um dos melhores e mais democráticos endereços para uma *happy hour* no Centro. Evidentemente, nessa posição geográfica, o nome não faz referência ao "Curíntia", mas, sim, ao universo náutico que domina a decoração. É um lugar agradável, sem grandes pretensões culinárias, mas perfeito para reunir os amigos depois do trabalho ou durante uma incursão pelos museus e centros culturais da cidade. Escolha as mesinhas do lado de fora para apreciar o clima Rio antigo do local. Os peixes e frutos do mar dominam o cardápio, e entre as boas pedidas estão o polvo ao alho e a sardinha. Também há receitas da terra, como croquetes e carne-seca com aipim. Há uma bela seleção de embutidos espanhóis, e as fortes inclinações ibéricas se confirmam na boa variedade de tapas, como a curiosa isca de cabrito com jiló e a clássica salada de bacalhau com feijão, própria para ser regada a muito azeite.

Adegão Português

Legião lusitana

Cozinhas tradicional e portuguesa

Campo de São Cristóvão, 212 – São Cristóvão
Rio de Janeiro
Tels.: (21) 2580-7288/2580-8689
www.adegaoportugues.com.br
2ª f. a sáb., das 11h às 23h; **dom.,** das 11h às 20h

🚗 sim   💳 A|D|M|V   💲💲💲💲   🔊 não   📶 sim   🕐 sim   ♿ não

>>

A

Filial Avenida das Américas, 7.777, 3º piso – Barra da Tijuca – Rio de Janeiro (Shopping Rio Design Barra)
Tels.: (21) 2431-2958/2438-1178
Todos os dias, das 12h até o último cliente

Endereço clássico de São Cristóvão, é um porto seguro para saborear a cozinha portuguesa em sua forma mais pura e tradicional, uma conexão imediata Rio-Lisboa. Assim, o percurso começa com bolinhos de bacalhau e alheiras fantásticas, produzidas artesanalmente, servidas com ovo frito. Nos dias mais frios, o caldo verde é uma pedida certeira. Entre os pratos principais, além de muitas receitas de bacalhau de boa procedência, dessalgado na medida certa, há opções como polvo ao alho e óleo com arroz de brócolis, cabrito assado e uma dobradinha à moda do Porto de enternecer. Peça um bom tinto de Portugal para acompanhar a refeição, que tudo fica ainda melhor. Para encerrar, uma vistosa (e saborosa) seleção de doces conventuais, servidos com Amarguinha, Ginjinha e outros digestivos lusitanos. Não à toa, é o restaurante preferido das famílias portuguesas. O serviço é simpático e cordial.

Adonis   Bacalhau com chope

Cozinha portuguesa, botecos, chopes, bons e baratos

Rua São Luís Gonzaga, 2.156-A – Benfica – Rio de Janeiro
Tel.: (21) 3890-2283 | www.baradonis.com.br
2ª f. a sáb., das 7h às 21h; **dom.,** das 7h às 16h

🚗 não   🖬 M|V $$$ 🚲 não   🗶 não   🕐 não   ♿ não

Filial Avenida Pastor Martin Luther King Junior, 126, 2º piso – Del Castilho – Rio de Janeiro
(Shopping Nova América)
Tel.: (21) 3083-1741
2ª f. a sáb., das 10h às 22h; **dom.,** das 11h às 22h

Esse clássico boteco de Benfica serve chopes perfeitos, como reza a melhor tradição das casas alemãs, no copo tipo schinitt, menor na base e maior na parte superior. Para acompanhar, bolinhos de bacalhau mostram que, em termos de comida, a nacionalidade é outra. O bacalhau é, de longe, o mais pedido, em suas várias apresentações (as porções podem ser para duas ou seis pessoas). Pudera, é o melhor da cidade, uma posta alta que se solta em grandes lascas. A casa também vende a massa do bolinho e o peixe já dessalgado, tudo pronto para ser feito em nossas cozinhas. Mas bom mesmo é pedir para eles prepararem o bacalhau à espanhola, com batata, cebola, tomate, pimentão, ovo, azeitona e molho de tomate, ou à Zé do Pipo, com brócolis, purê de batata, azeitona, cebola, pimentão, ovo e molho branco. Outro prato clássico do Adonis é a rabada com batata, agrião, arroz e polenta, servida às quartas-feiras e aos sábados. Nos dois dias, o rabo de boi também é preparado em forma de risoto. Pergunte pelo caldinho de rabada, delicioso item off-menu. O cozido das terças-feiras também faz sucesso, assim como a dobradinha com feijão-branco, às quintas-feiras.

Alameda Restaurante

Escargots assim e assados

Variados

Rua Visconde de Caravelas, 113 – Humaitá – Rio de Janeiro
Tels.: (21) 2527-9662/2527-2203 | www.alamedarestaurante.com.br
2ª f. a 6ª f., das 11h45 às 16h; **3ª f. a 5ª f.,** das 19h à 0h; **6ª f.,** das 19h à 1h;
sáb., das 12h à 1h; **dom.,** das 12h às 18h

🚗 sim   💳 A|D|M|V   💲💲💲   🎵 durante a semana   🚭 sim   🅿 sim   ♿ não

O Alameda nasceu em Petrópolis, onde os donos, Silvia Mello e Otton Junqueira, criavam escargots. O casal acabou com a criação, mas continuou a dar consultoria a produtores locais, que hoje fornecem a matéria-prima principal a esse raro restaurante dedicado aos caramujos que dominam o cardápio. Eles aparecem em versões clássicas, como à la bourguignonne, com manteiga, alho e ervas, para ser apreciado com pãozinho afogado no molho, ou em receitas mais criativas, de inspiração franco-italiana, como o Parmentier de rabada com polenta e escargots, um dos pratos mais pedidos da casa. É um festival, e dá vontade de provar tudo: minipolenta com escargots flambados no conhaque, cogumelos com escargot ao pernod, risoto de escargot com funghi... Para os que não o apreciam, há também vários pratos em que as estrelas são carnes, aves, pescados ou miúdos, como o escalope de foie gras com alumettes de batata doce com melado de cana, steak tartar e camarões grelhados com risoto de limão-siciliano e mascarpone. No almoço, durante a semana, há um cardápio executivo que foge da especialidade da casa.

Albamar
Onde a paisagem dá o tom do cardápio

Pescados

Praça Marechal Âncora, 184 – Centro – Rio de Janeiro
Tels.: (21) 2240-8378/2240-8428 | www.albamar.com.br
2ª f. a dom., das 12h às 18h

sim   A | D | M | V $$$$ não   não   sim   sim

Endereço clássico da cidade, o Albamar funciona na única torre que restou de um antigo mercado à beira do cais. Recentemente, passou por reforma, o que renovou o ambiente e a clientela, mas a vista para a Baía de Guanabara, com o trânsito das barcas Rio-Niterói e as canoas dos pescadores, continua a ser o melhor da casa, especializada em peixes e frutos do mar. O serviço é um tanto confuso. Da cozinha comandada por Luiz Incao e Adilson Batista saem receitas elaboradas, como vieiras com lentilha du Puy e molho de baunilha, frigideira de lagostins com pequenos legumes ao capim-santo, lulas recheadas com risoto de pimentões, cavaquinha grelhada com purê de banana-da-terra e velouté de coco e bacalhau à lagareiro.

Além do Jardim
Pizza francesa

Comidinhas

Rua Manoel Carneiro de Menezes, 3.471, área B – Mury – Nova Frigurgo
Tel.: (22) 2542-2062 | www.alemdojardim.com.br
5ª f., das 13h às 22h; **6ª e sáb.,** das 10h às 22h; **dom.,** das 9h às 19h

sim   M | V $$ não   não   sim   sim

>>

A

Quem cuida da casa é Ruan Rodrigues, enólogo formado no Rio Grande do Sul e que trabalhou na Miolo. Após anos morando em Bento Gonçalves, e depois no Rio de Janeiro, voltou para Nova Friburgo, onde nasceu, para se juntar aos pais, Carla Carvalho e Victor Rodrigues, donos do melhor restaurante da cidade, o Crescente Gastronomia (ver p. 129), no Centro. Ruan acabou indo parar em Mury, onde inaugurou o Além do Jardim – Sabores e Saberes. O lugar é lindo: uma casinha com plantas bem cuidadas e mesas espalhadas do lado de fora. Ali é possível comprar os produtos com a marca Crescente Gastronomia, incluindo massas e geleias fantásticas, além de dois vinhos produzidos por ele em parceria com a Lidio Carraro. Para comer por lá, a especialidade é a tarte flambée, prima francesa da pizza: leve, saborosa e crocante.

Alfaia Restaurante   Luso-brasileiro

Cozinha portuguesa, variados

Rua Inhangá, 30 – Copacabana – Rio de Janeiro
Tels.: (21) 2236-1222/2255-8882 | www.restaurantealfaia.com.br
2ª f. a sáb., das 11h45 à 0h; **dom.,** das 11h45 às 23h

🚗 sim   🍽 A|D|M|V $$ 🚼 sim   🍸 sim   🕐 sim   ♿ não

Escondidinho na Rua Inhangá, em Copacabana, é um endereço seguro para uma boa refeição lusitana ao sabor de bacalhau, é claro. O salão é pequeno e aconchegante, e o serviço, bastante familiar. Inaugurado em 1989, tem um vasto repertório de receitas com o peixe, como à Brás – em lascas, refogado com cebola, alho, ovos mexidos, batata palha, azeitonas pretas e salsa – e o que leva o nome da casa, uma generosa posta cozida e depois gratinada com molho

>>

branco, creme de leite e vinho, acompanhada de batata portuguesa, ovos e salsa. O restante do cardápio mescla receitas portuguesas, como caldo verde e sardinhas, com pratos brasileiros, como filé à Oswaldo Aranha e camarão ao Catupiry. As sobremesas, obviamente, são pastéis de nata, toucinhos do céu...

Alvorada   Comida generosa, no forno a lenha

Variados

Estrada Bernardo Coutinho, 1.655 – Araras – Petrópolis
Tel.: (24) 2225-1118
6ª f. e sáb., das 13h à 0h; **dom.,** das 13h às 18h

🚗 sim 🍽 M|V 💲💲💲💲 ♿ não 🚭 não 🕐 sim ♿ não

Em uma casa muito agradável em Araras, o chef Paulo Pinho serve refeições generosas, preparadas com visível carinho. Boa parte das carnes é assada em fogo a lenha (tem ganso e vitela, por exemplo). O escondidinho de pato com tamarindo é um prato clássico, com justiça. O serviço é simpático, e o chef está sempre circulando pelo salão, conversando com os clientes. Para começar, champignons de duas maneiras: com gorgonzola e com cebola. Entre os pratos principais, confit de bacalhau no azeite e uma saborosa carne-seca desfiada com cebolas empanadas, farofa de abóbora e banana assada. Ao lado, uma lojinha comandada por Marcia, mulher do chef, vende produtos simpáticos, bonitos objetos de decoração para enfeitar a casa. Vale a pena dar uma espiada.

Amarelinho (Choperia Bar Amarelinho) Tudo amarelo

Botecos, cozinha tradicional, happy hour

Praça Floriano, 55-B – Centro – Rio de Janeiro
Tels.: (21) 2240-8434/2532-4237 | www.amarelinhodacinelandia.com.br
Todos os dias, das 10h às 2h30

 não   A|D|M|V $ sim   sim   não   sim

Clássico da Cinelândia, o Amarelinho é um dos bares mais famosos da cidade. Aqui, nem a comida nem a bebida são o que mais importam, mas a localização, em ponto central, com metrô na porta e perto de cinema, museus e teatros. Embora sempre haja clientes na casa, o pico de movimento é depois das 17h, quando as pessoas saem do trabalho e se reúnem nessa esquina onde se localiza o prédio amarelo com toldo amarelo e, para completar, mesas amarelas. O movimento segue firme até depois da meia-noite. Inaugurado em 1921, acaba de completar 80 anos e sempre recebe homenagens da Câmara dos Vereadores, que, aliás, está ali ao lado. Para beber, chopes e caipirinhas são os mais pedidos, acompanhando porções de filé aperitivo, frango à passarinho e até codorna.

Amir Mil e uma delícias

Cozinha árabe

Rua Ronald de Carvalho, 55-C, Praça do Lido – Copacabana – Rio de Janeiro
Tels.: (21) 2275-5596/2275-4488 | www.amirrestaurante.com.br
2ª f., das 18h à 0h; **3ª f. a dom.,** das 12h à 0h

sim   A|D|M|V $$$ sim   sim   sim   sim

 >>

O melhor árabe da cidade começou a vida como empório. Aos poucos foi servindo comidinhas e acabou virando restaurante. A cozinha prepara com perfeição todo o vasto repertório de pratos árabes, começando com deliciosos sanduíches que, seguramente, também estão na lista dos mais gostosos do Rio, como a kafta de carneiro, com homus, cebola, salsa e tomate, e o shawarma, feito com tiras de carne de cordeiro e de boi, salsa, cebola, hortelã, tomate, conservas e molho tahine. Sensacional. No cardápio há saladas como tabule e fatuche, e pastinhas, como coalhada seca e homus, incluindo uma receita especial, com carne moída, amêndoa e pinhões, que caem como uma luva nas duas versões de pão árabe, uma menor e mais fofinha, outra maior e mais fina. Esfirras, charutinhos de folha de uva, quibes e batata à moda libanesa estão entre as entradas, que abrem caminho para uma seleção de pratos principais, alguns raros de se encontrar em outras casas do gênero, como o shishbarak, massa de capeletti recheada com carne moída e cozida na coalhada acompanhada por arroz com aletria. Para encerrar, aqueles maravilhosos doces árabes... e uma seleção de sorvetes especiais, como o de flor de laranjeira, o de figo com cardamomo e o de nata com flor de rosas.

Angu do Gomes O retorno

Botecos, brasileira

Rua Sacadura Cabral, 17, Largo São Francisco da Prainha – Saúde – Rio de Janeiro
Tel.: (21) 2233-4561 | www.angudogomes.com.br
2ª f. a 5ª f., das 11h às 23h; **6ª f.,** das 11h às 2h

A

Em 2009, o Angu do Gomes, que fazia sucesso nos anos 1970 com várias carrocinhas espalhadas pela cidade servindo o prato madrugada adentro, voltou à ativa em formato diferente: um boteco na Gamboa, reduto do samba, área que ganha força a cada ano nas noites do Rio. A casinha antiga é bonita e agradável, serve o angu em algumas versões, a começar pela clássica, com miúdos como coração de boi, e também com rabada, com calabresa e até a vegetariana. O cardápio se expandiu e hoje inclui caldinho de feijão, bolinhos de bacalhau, moela com farofa e alho, acarajé e sanduíche de linguiça mineira. Para beber, cervejas e cachaças, como a Melindrosa e a Providência.

Anna Ristorante

Casa della nonna

Cozinha italiana, pescados

Avenida Epitácio Pessoa, 214 – Ipanema – Rio de Janeiro
Tels.: (21) 2529-8810/2529-8766
2ª f. a 5ª f., das 18h à 0h; **6ª f. e sáb.,** das 18h à 1h; **dom.,** das 12h às 23h

🚗 sim   🍽 não   💲💲💲   ♿ não   🐾 não   🚬 sim   ⚠ não

Dos mesmos donos do Fiorino, na Tijuca, do Pomodorino (ver p. 228), na Lagoa, e do Artigiano, em Ipanema, o Anna Ristorante é a casa mais sofisticada do grupo. Foram anos de planejamento até a inauguração, em meados de 2010. Com fachada envidraçada, o belo salão tem piso de madeira e paredes de tijolinho. Os objetos de decoração foram garimpados ao longo de anos, e o nome faz referência à matriarca da família. No subsolo, uma adega para duas mil garrafas. Os pães caseiros são assados na hora e chegam quentinhos à mesa. O cardápio segue a linha italiana dos outros endereços, um pouco

>>

mais voltado aos peixes e frutos do mar, com ótimos risotos e massas, como o bavettine negro com lulas e camarões e o cherne ao cartoccio com tomate e manjericão. Também há boas receitas com carne, a exemplo do pappardelle com creme, queijo, molho de tomate e ragu de vitela.

Antiquarius   Fabuloso português

Cozinhas portuguesa e tradicional, variados, para grandes ocasiões

Rua Aristides Espínola, 19 – Leblon – Rio de Janeiro
Tel.: (21) 2294-1049 | www.antiquarius.com.br
2ª f. a sáb., das 12h à 1h30; **dom.,** das 12h à 0h

sim   D|M|V $$$$ não   não   sim   sim

Entra ano, sai ano, o Antiquarius continua entre os melhores restaurantes não só do Rio de Janeiro, mas do Brasil. Vive lotado, mesmo nas noites de segunda-feira, servindo o receituário clássico português. Para começar, explore bastante o couvert, que é reposto quantas vezes forem necessárias. O rissole de camarão e o bolinho de bacalhau merecem muitos repetecos. Há uma excelente seleção de entradas, que podem variar de acordo com os produtos disponíveis (é sempre bom consultar o maître para se informar sobre receitas que estão fora do cardápio regular): os camarões à Zico, no azeite, com pimentão e alho, são ótimos para

>>

esperar os pratos principais, que têm no bacalhau o carro-chefe. O lagareiro é fantástico, uma posta alta, assada com cebolas no açafrão, batatas e brócolis. A perna de cordeiro com feijão-branco é capaz de emocionar, e a cataplana de frutos do mar é uma pedida certeira para os amantes dos pescados. Outro clássico é o arroz de pato, preparado com paio. Alguns pratos fogem das especialidades portuguesas, como a carne-seca, o talharim à Alfredo, o picadinho à moda carioca e a moqueca de cherne com camarões. Para encerrar, uma pecaminosa bandeja, de prata, claro, repleta de tentações conventuais: encharcada, toucinho do céu, rocambole de laranja... Para acompanhar o café, adoráveis biscoitinhos amanteigados, porque o Antiquarius é fabuloso e único do início ao fim.

Apiário Amigos da Terra   Eu quero mel

Produtores rurais

Avenida Antônio Mário de Azevedo, 17.200 (Km 17 da Estrada Friburgo-Teresópolis)
Campo do Coelho – Nova Friburgo
Tels.: (22) 2529-4333/2529-4182 | www.amigosdaterra.com.br
2ª f. a 6ª f., das 8h às 17h; **sáb. e dom.,** das 9h às 18h

🚗 sim   💳 A | D | M | V $ ♿ não   🚫 não   🕐 sim   ♿ não

Nova Friburgo tem tradição na produção de mel, e o Apiário Amigos da Terra é o mais famoso, com ótima estrutura para receber visitantes na Estrada Friburgo-Teresópolis. Um bom programa para ser feito com as crianças, em um lugar agradável, com direito a laguinho, *playground* e belo paisagismo. O espaço tem o Museu do Mel, que mostra como o produto é feito. Também são realizados cursos de quatro horas de duração, que contam a história da produção de mel no país e explicam todo o

>>

processo. Vários produtos estão à venda: além de peças de artesanato, há desde o mel puro e composto até a cachaça adocicada com mel e o pão... de mel, é claro. Sob encomenda, pode-se preparar refeições no local.

Aprazível   Casa brasileira, com certeza!

Cozinha brasileira, variados

Rua Aprazível, 62 – Santa Teresa – Rio de Janeiro
Tels.: (21) 2507-7334/2508-9174 | www.aprazivel.com.br
3ª f. a sáb., das 12h às 23h; **dom. e fer.,** das 12h às 18h

🚗 sim   A|M|V $$$$ ♿ não   🚭 não   🕐 sim   🐾 não

O restaurante fica na Rua Aprazível e também é, como o próprio nome diz, muito agradável. São dois ambientes diversos, subdivididos em outros, de maneira que cada um encontra seu cantinho preferido. Uns escolhem a varanda da casa, outros gostam de se abrigar debaixo das árvores do terraço, sob um teto de sapê. Há mesas grandonas e reservadas, para grupos, e uma vista deliciosa para o Centro do Rio. O sotaque de Minas, terra natal de Ana Castilho, dona e chef do Aprazível, fala um pouco mais alto. O repertório de cachaças é ótimo, inclusive há uma superenvelhecida, produzida pela família em... Minas, claro! A carta de vinhos privilegia os rótulos nacionais e vem conquistando prêmios por isso.

>>

A

A comida segue a linha tradicional e variada, com alguns toques pessoais de Ana. Para início de conversa, não se pode dispensar os pães de queijo recheados com linguiça mineira. De entrada, palmito fresco assado, com pesto de castanha-de--caju com ervas, casquinha de caranguejo com farinha d'água e escondidinho de baroa com carne-seca. Entre os pratos principais, galinha caipira com linguiça mineira, moquequinha de gurijuba, cordeiro com canjiquinha e marreco com molho de ameixa e purê de maçã. Para encerrar, vamos "dançar" o carimbó: um sorvete de castanha-do-pará com doce de cupuaçu.

Aquim Um luxo gastronômico

Doces, chocolates, comidinhas

Avenida Ataulfo de Paiva, 1.321 – Leblon – Rio de Janeiro
Tel.: (21) 2274-1001 | www.aquimgastronomia.com.br
2ª f. a sáb., das 11h às 19h

 não   D | M | V $$$$ sim   não   não   não

Filial Rua Garcia d'Ávila, 149-B – Ipanema – Rio de Janeiro
Tel.: (21) 2523-5090
2ª f. a sáb., das 11h às 19h

A família virou grife: uma fábrica artesanal de pequenas joias doces e salgadas. Nas duas lojas, no Leblon e em Ipanema, é vendida parte das criações dos Aquins. A maioria dos clientes vai até lá para se abastecer de doces e salgados para festas em casa, mas também é possível parar para um café com água gasosa na companhia de macarons e outros docinhos fantásticos. O mix de frutas secas com especiarias merece

>>

missa em sua homenagem. Chocolates são algo muito sério para eles. Há incontáveis bombons e trufas, mas a grande bossa dos Aquins são os chocolates de produção própria, no sul da Bahia. Uma das barras foi desenhada por Oscar Niemeyer. Além dos itens da pronta-entrega, é possível pedir várias outras comidinhas. No "catálogo da coleção", como chamam a linha de produtos, há: gâteau de chocolate belga, paleta de cordeiro com frutas secas, quiche de brie com damasco e canapés variados, como os croquetes de pato com molho de laranja e o cone de foie gras sobre brioche.

Arataca · Ingredientes brasileiros antes de virarem moda

Cozinhas amazônica e brasileira, mercearias

Rua Domingos Ferreira, 41-B – Copacabana – Rio de Janeiro
Tel.: (21) 2549-2076
2ª f. a dom., das 9h às 22h

🚗 não   💳 não $$ ♿ sim   🚭 não   🕐 sim   ♿ não

Houve um tempo, não muito distante, em que havia "dois" Aratacas: um na Cobal do Leblon, que era frequentado por boêmios cariocas, como Tom Jobim e Hugo Carvana, e o de Copacabana, na Rua Domingos Ferreira. Restou o segundo. Era difícil encontrar ingredientes amazônicos, e as duas casas abasteciam cariocas e migrantes com farinhas, tucupi, pimentas, peixe seco, cerveja Cerpa e tudo o mais que viesse do norte do país. Menos badalada que outrora, a casa continua aberta, vendendo produtos da Região Norte, e preparando pratos típicos como pato no tucupi, maniçoba, além de receitas com pirarucu e tambaqui. Também há licores e fórmulas afrodisíacas, no melhor estilo Mercado Ver-o-Peso. Vale a visita a esse lugar envolvente, informal e agradável.

A

Armazém Senado
De armazém esse boteco tem pouco!

Botecos, mercearias

Avenida Gomes Freire, 256 – Lapa – Rio de Janeiro
Tel.: (21) 2509-7201
2ª f. a 6ª f., das 8h às 20h; **sáb.,** das 8h às 16h

🚗 não   💳 A|D|M|V   💲   ⊗ não   ⊠ não   🚭 não   ♿ não

Aqui o negócio é curtir o clima antigo. Típica mercearia do começo do século passado que, aos poucos, foi mudando o perfil, é hoje um boteco mais que qualquer coisa, ainda que as prateleiras exibam itens de limpeza de casa e higiene pessoal, além de enlatados etc. Há quem compre, evidentemente, mas bastam 15 minutos ali para perceber que a clientela vai mesmo é para beber cerveja ou vinho, e, quem sabe, uma pinga. Para comer, não há nada além de mortadela, presunto e queijos fatiados na hora. E quem precisa de mais, diante de lugar tão bonito, com prateleiras antigas, balcão de mármore e fregueses pitorescos que formam um público eclético e variado? Tem a cara do Rio.

Astor
Boteco dos bandeirantes

Bares, cozinha tradicional, drinques

Avenida Vieira Souto, 110 – Ipanema – Rio de Janeiro
Tel.: (21) 2523-0085 | www.barastor.com.br
3ª f. a 5ª f., das 18h à 1h; **6ª f. e sáb.,** das 12h às 3h; **dom.,** das 12h às 20h

🚗 sim   💳 A|D|M|V   💲💲💲   ⊗ não   ⊠ não   🚭 não   ♿ sim

>>

A inauguração do bar paulistano revigorou aquele trecho privilegiado da orla carioca, em plena Avenida Vieira Souto, com varandinha que permite assistir ao pôr do sol no mar, no verão. À noite, os frequentadores vão sempre arrumadinhos, como se estivessem em São Paulo. O chope é bem tirado, a carta de vinhos lista bons rótulos e a seleção de drinques tem ótimas criações, como o Apple Martini – que leva vodca, licor de maçã verde e o purê da própria fruta –, que é um perigo. A caipirinha e outras bebidas à base de cachaça são preparadas com xarope de açúcar, o que garante a homogeneidade e a padronização. Para comer, há petiscos como a besteira à milanesa – filezinhos empanados servidos com queijo derretido sobre um pedacinho de pão – e as almôndegas picantes, feitas na cerveja. A alheira servida com ovo e batatas fritas vale cada caloria. Misturando referências clássicas de várias cozinhas, principalmente a carioca, o bar tem cardápio consistente, com pratos de filé, steak tartar, ostras frescas e umas panelinhas adoráveis, como a de rabada com polenta.

Azumi

Como se fosse no Japão

Cozinha japonesa

Rua Ministro Viveiros de Castro, 127 – Copacabana
Rio de Janeiro
Tels.: (21) 2541-4294/2295-1098
dom. a 5ª f., das 19h à 0h; **6ª f. e sáb.,** das 19h à 1h

🚗 sim   🍽 A|D|M|V $$$$ 🅿 sim   🚭 sim   🕐 sim   ♿ não

 >>

A/B

É o japonês mais tradicional da cidade e, por isso, o melhor. É tão tradicional que tem karaokê na televisão e cardápio em japonês. Vive lotado e nem sempre é possível conseguir um lugar nos dois balcões, de quentes e de frios, os dois melhores ambientes da casa. O circuito ideal no Azumi começa logo ao entrar, onde estão as vitrines refrigeradas que exibem os peixes e frutos do mar do dia. O negócio ali é pedir sashimis e outras variantes, como os sushis de minipolvo. O usuzukuri temperado com pimenta dedo-de-moça picadinha e cebolinha é fantástico, assim como o sushi de ovas de salmão com ovo de codorna cru. Em seguida, suba alguns degraus e vá até a parte de trás, onde há um enorme bar. Lá são servidos espetinhos de cogumelos, aspargos, costela de boi e até cabeça de peixe. Não deixe de explorar o longo menu, com surpresas não encontradas em nenhum outro lugar do Rio, como os bolinhos de siri à moda japonesa, o pudim de ovo quente e as milanesas, levíssimas, empanadas com farinha panko. Para acompanhar, cerveja ou saquê.

Baalbeck

Tão clássico que até o personagem Comissário Espinosa já foi visto por lá

Cozinha árabe, comidas rápidas

Avenida Nossa Senhora de Copacabana, 664, loja 17 – Copacabana – Rio de Janeiro
Tel.: (21) 2255-4574
2ª f. a 6ª f., das 9h às 20h; **sáb.,** das 9h às 16h30

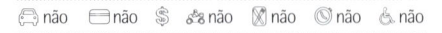 não   não $ não   não   não   não

Há décadas abrigado na linda Galeria Menescal, em Copacabana, o Baalbeck é um clássico do Rio de Janeiro. Sua esfirra com recheio farto e saboroso, massa

leve e delicada, sempre quentinha, é apreciada por gerações de cariocas. Outros salgados árabes têm menos fama, mas também são muito bons, como a própria esfirra aberta e os quibes. Os balcões exibem ainda charutinhos diversos, tabule e maravilhosas pastinhas, como a coalhada seca e a de grão-de-bico, que ficam perfeitas lambuzando os pães da casa, inaugurada no mesmo endereço em 1959, quando a bossa nova florescia no bairro. Além de tudo o que está ali, diante dos nossos olhos, há muitos pratos que podem ser preparados sob encomenda. A seleção de docinhos é de mandar a dieta para o espaço.

Babel Restaurante   Cozinha criativa e romântica

Variados

Vale do Pavão, s/nº – Visconde de Mauá – Resende
Tels.: (24) 9977-0152/9999-8121 | www.babelrestaurante.com
6ª f. e sáb., das 13h às 22h; **dom.,** das 13h às 18h

🚗 sim   🍽 não $$$ 🛵 não   ⊠ não   ◎ sim   ♿ sim

A história é tão bonita quanto o lugar e tão boa quanto a comida. O casal Dani Keiko e André Murray se conheceu em uma escola de Gastronomia; eles se apaixonaram e foram se esconder no Vale do Pavão, em Visconde de Mauá, abrindo um dos restaurantes mais charmosos da cidade – e também um dos melhores. A cozinha segue a linha criativa com base na tradição, criando cardápios consistentes que merecem ser explorados em várias etapas. Comece, sempre, pelo couvert, que traz pães quentinhos, um amuse bouche surpresa, saladinha e azeites aromatizados. Depois, explore as entradas, como o crepe de pato ao creme de trufas, a fritada de cogumelos com patê de foie gras e cebolas confitadas no cassis. Uma das seções do cardápio é denominada "Para compartir" e traz figos no mel balsâmico com queijo de cabra cremoso, entre outras receitas feitas sob medida para um casal. Depois, passeie pelos pratos principais. Alguns dos favoritos são a massa fresca de azedinha ao molho de trutas e raiz forte e a canela de cordeiro ao mel e especiarias com polenta trufada e cebola assada. Entre as sobremesas, o crème brûlée que leva gengibre e a tarte tatin com sorvete de canela. Para provar um pouco de tudo, peça o menu degustação.

Banana da Terra   Sabor dos céus

Cozinha brasileira, pescados, caiçara

Rua Doutor Samuel Costa, 198 – Centro Histórico – Paraty
Tel.: (24) 3371-1725
www.restaurantebananadaterra.com.br
2ª f., 4ª f. e 5ª f., das 18h à 0h; **6ª f. a dom.,** das 12h às 16h e das 19h à 0h; **3ª f.,** das 18h à 0h (abre apenas nos feriados e na alta temporada)

não   A|M|V $$$$ não   não   sim   não

A chef Ana Bueno é uma das mais entusiastas divulgadoras da cozinha caiçara, que ela pratica com liberdade de criação. Em sua agradável casa de Paraty, no coração do Centro Histórico, ela exerce essa paixão, garantindo ao Banana da Terra o título de um dos melhores restaurantes da cidade. A banana, como sugere o nome, é

>>

explorada à exaustão, e aparece até em forma de caipirinha. Apesar da investida na culinária regional, com base na simplicidade, nos peixes frescos, nas farinhas e nas aguardentes, há uma carta de vinhos e uma linda adega, com boas taças e serviço agradável em ambiente bem decorado. Das entradas, pesque o siri catado com banana, a farofa de alho e pimenta biquinho ou o escondidinho de camarão com requeijão. Entre os pratos principais, você pode escolher a posta de peixe cozida na panela de barro com banana, servida com pirão e arroz ou, então, explorar a criatividade da chef criadora de receitas como o arroz negro com camarões flambados na pinga, a juliana de abobrinhas e azeite aromatizado com pimenta rosa e salsa e a rabada desfiada com gorgonzola, purê de banana e agrião. Para arrematar, torta quentinha de maçã com praliné de castanhas brasileiras ou banana cozida em açúcar e canela, paçoca de amendoim e sorvete de doce de leite.

Bar Brasil — Clima *vintage*, chope gelado e comida gostosa

Cozinhas alemã e tradicional, chopes

Avenida Mem de Sá, 90 – Lapa – Rio de Janeiro
Tel.: (21) 2509-5943
2ª f. a 6ª f., das 11h30 à 0h; **sáb.,** das 11h30 às 18h

🚗 não 💳 A|D|M|V $$ 🛵 não 🅿 sim 📶 não ♿ não

>>

B

Para muitos, o Bar Brasil serve o melhor chope da cidade. A bebida passa por uma lendária serpentina acomodada em muito gelo e é servida no copo tipo schinitt. O resultado é uma espuma cremosa, perfeita, com pouco mais de dois dedos. Só isso já seria o suficiente para este ser um lugar e tanto. Mas não é só: o clima *vintage* remete a 1908, ano de inauguração do bar que, apesar do nome, é alemão. É a comida alemã clássica do Rio: kassler com salada de batatas, bolo de carne, lentilha garni (o prato mais famoso, que leva salsichão, meia linguiça defumada, lentilhas, carne assada, kassler, carré de porco fresco e língua fresca), salsichão de vitela, chucrute. A casa faz algumas concessões à cozinha brasileira, servindo, por exemplo, um badalado kassler à mineira (carré defumado com couve, arroz e tutu, incorporado ao cardápio por sugestão de ninguém mais, ninguém menos que o compositor e cantor Paulinho da Viola). É um daqueles endereços realmente imperdíveis por razões gastronômicas, etílicas, históricas, culturais...

Bar d'Hôtel — Moderno, mas aconchegante

Modernos

Avenida Delfim Moreira, 696 – Leblon – Rio de Janeiro (Hotel Marina All Suites)
Tel.: (21) 2172-1112 | www.marinaallsuites.com.br/allsuites/portugues/bar-hotel
dom. a 4ª f., das 7h à 1h; **5ª f. a sáb.,** das 7h às 2h

🚗 sim   💳 A|D|M|V   💲💲💲💲   🐾 não   📶 não   🌀 sim   ♿ não

Apesar do nome, não se engane: o Bar d'Hôtel é um restaurante. Moderno. Com decoração estranha, boa comida e uma vista fantástica. De frente para a praia do Leblon, no segundo andar do Marina All Suites, fica lotado à noite, quando jovens

>>

se encontram para beber, comer e conversar (alto!). Os drinques são a especialidade, como o famoso "chope de tangerina", uma caipivodca da fruta com espuma de mel, limão e gengibre. Mas a verdade é que são as tardes ensolaradas, principalmente as de inverno, as melhores ocasiões para se ir até lá apreciar o panorama, o ambiente iluminado pela luz natural e decorado com peças de antiquário misturadas, paredes pintadas por artistas contemporâneos, cortinas, mesas espelhadas... A chef Maria Victória cria pratos acolhedores que variam regularmente. No almoço executivo, de segunda a sexta-feira, há boas sugestões, menus em três etapas com preço justo que trazem receitas como tartare de tomates e morangos com chantili e queijo de cabra; de filé-mignon com cogumelos, arroz jasmim e batata-baroa palha e o crumble de banana servido com sorvete de tapioca e calda de maracujá. À noite, entram em cena receitas mais elaboradas, como a cavaquinha com arroz negro e caju flambado na cachaça.

Bar da Amendoeira
Boteco com B maiúsculo

Botecos, chopes

Rua Conde de Azambuja, 881 – Maria da Graça
Rio de Janeiro
Tel.: (21) 2501-4175
2ª f. a 5ª f., das 6h30 às 22h; **6ª f.,** das 6h30 à 0h;
sáb., das 6h30 às 20h

não   A|D|M|V $ não   não   sim   sim

>>

O tradicionalíssimo boteco de Maria da Graça continua firme e forte. O chope, servido no copo tipo schinitt, certamente está entre os melhores do Rio, e a carne-seca na farofa é digna de lugar de destaque em qualquer antologia dos clássicos dos botequins cariocas. Também vale a pena investir nos bolinhos de carne, realmente muito bons. É boteco com B maiúsculo: tem até jiló coberto com cebola passada na frigideira com manteiga e urucum. As refeições são baratas, substanciosas e, o que mais importa, saborosas. Sexta-feira tem feijoada e, no sábado, um angu muito famoso – e perfumado – que acaba cedo, porque antes do meio-dia já tem gente pedindo.

Bar da Dona Maria (Café e Bar Brotinho) — Casa de bamba

Botecos

Rua Garibaldi, 13 – Tijuca – Rio de Janeiro
Tel.: (21) 2238-5091
2ª f. a 6ª f., das 8h às 20h; **sáb.,** das 9h às 18h

🚗 não 💳 A|D|M|V $ ♨ sim 📶 sim 🚭 não ♿ sim

Esse boteco adorável, cujo nome oficial é Café e Bar Brotinho, ganhou fama quando a nata do samba e da boemia carioca passou a frequentá-lo, a convite de Moacyr Luz e Aldir Blanc, que moravam na rua do bar. Beth Carvalho, Luís Carlos da Vila, Nei Lopes, Nelson Sargento... uma constelação sem fim. Nem seria preciso. A combinação do ambiente *vintage* (a casa tem mais de 50 anos), com balcão de mármore, paredes de azulejo e mesas de madeira, com os acepipes deliciosos já seria razão de boa fama. Chama a atenção o refrigerador, praticamente peça de antiquário, que gela a cerveja à perfeição.

>>

Para acompanhá-la, são três os petiscos: os pastéis de camarão com Catupiry, os croquetes de carne e as almôndegas. Durante a semana, o Bar da Dona Maria serve PFs, com feijão espesso, arroz, farofa e fritas. Aos sábados, dia mais concorrido, tem risoto de camarão (se quiser, é bom reservar, porque acaba sempre – e cedo).

Bar da Frente Irreverência no DNA

Botecos, cervejarias

Rua Barão de Iguatemi, 388 – Praça da Bandeira – Rio de Janeiro
Tel.: (21) 2502-0176 | www.bardafrente.com.br
3ª f. a sáb., das 12h às 22h; **dom. e fer.,** das 12h às 16h

Quando o Aconchego Carioca (ver p. 38) cresceu e apareceu, passou a requerer um espaço maior e se mudou para o outro lado da rua. No seu antigo endereço, nasceu o Bar da Frente, que tem a irreverência em seu DNA. Desse modo, um dos petiscos mais conhecidos é o bolinho de arroz de puta rica, servido com molho de mostarda e caramelo. A bela geladeira, que refrigera cervejas de dezenas de marcas e o chope Botto Bier, artesanal, é uma herança. O cardápio tem salgados, sanduíches e refeições substanciosas. Entre os petiscos, empadas, mas há também receitas inventivas, como o camarão crocante, empanado no coco verde e servido com chutney de maracujá e molho de iogurte com hortelã, e o croquete de bacalhau com molho de azeite, azeitonas pretas, alho e ervas. Não deixe de provar o fofinho de camarão, segredo de família, com o crustáceo no

>>

B

alho frito envolto em uma massinha de queijo indescritível. Entre os pratos principais, o risoto de rabada é um dos destaques.

Bar da Portuguesa

Uma casa portuguesa com certeza!

Botecos

Rua Custódio Nunes, 155, loja D – Ramos – Rio de Janeiro
Tels.: (21) 2260-8979/7845-1915
3ª f. e 4ª f., das 17h às 23h; **5ª f. e 6ª f.,** das 17h à 1h; **sáb.,** das 10h às 18h;
dom., das 10h às 16h

🚗 não 🍽 M|V $$ 🐾 não ❌ não 🚭 não ♿ não

Inaugurado em 1972, o bar já tem anos e anos de estrada e chegou a ser frequentado por Pixinguinha. Entretanto, foi o recente (e crescente) interesse por botecos distantes e autênticos que acabou inserindo esse endereço, na região de Ramos, no mapa dos bares da cidade. Agora, com a pacificação das comunidades nas redondezas, o Bar da Portuguesa promete bombar ainda mais. Motivos para isso não faltam: o ambiente familiar, o atendimento muito simpático e, principalmente, a comida, a cargo da proprietária, a portuguesa Donzília Gomes. O caldinho de siri, espesso, perfumado e delicioso, é absolutamente indispensável. Nem é preciso salientar as virtudes óbvias dos bolinhos de bacalhau, não é verdade? O lugar é ótimo para petiscar. Peça o bolinho de aipim com carne-seca e o pastel de camarão com Catupiry.

Bar do Adão

Para quem gosta de pastel... é o paraíso!

Bares

Avenida Engenheiro Richard, 105-A – Grajaú
Rio de Janeiro
Tel.: (21) 2577-0730 | www.bardoadao.com.br
2ª f., das 18h às 2h; **3ª f., 4ª f. e 5ª f.,** das 11h às 2h;
6ª f. e sáb., das 11h às 3h; **dom.,** das 11h às 2h

🚗 não   💳 A|M|V   💲💲   🅿 sim   ❌ sim   🕐 não   ♿ não

Filiais

Rua Dona Mariana, 81 – Botafogo – Rio de Janeiro | Tel.: (21) 2535-4572
2ª f. a 5ª f., das 11h à 1h30; **6ª f. e sáb.,** das 11h às 2h30; **dom.,** das 11h às 17h

Rua dos Artistas, 130 – Tijuca – Rio de Janeiro | Tel.: (21) 2570-5421
dom. a 5ª f., das 11h às 2h; **6ª f. e sáb.,** das 11h às 3h

Rua Gomes Freire, 602 – Lapa – Rio de Janeiro | Tel.: (21) 2232-2630
dom., das 11h às 17h; **2ª f. a 5ª f.,** das 11h às 2h; **6ª f. e sáb.,** das 11h às 4h

Rua Conde Bernadotte, 26, loja 123 – Leblon – Rio de Janeiro | Tel.: (21) 3546-2326
3ª f., 4ª f. e 5ª f., das 12h à 1h; **6ª f. e sáb.,** das 12h até o último cliente

Rua Aires Saldanha, 13 – Copacabana – Rio de Janeiro | Tel.: (21) 3208-3911
2ª f., das 17h às 2h; **3ª f., 4ª f. e 5ª f.,** das 11h às 2h; **6ª f. e sáb.,** das 11h às 3h; **dom.,** das 11h às 2h

>>

Avenida das Américas, 11.391, loja 104 – Barra da Tijuca – Rio de Janeiro (Condomínio Itaúna)
Tel.: (21) 2498-3744
2ª f. a dom., das 11h até o último cliente

É praticamente um bar temático de pastéis, servidos com os mais diversos recheios. Para quem gosta de acepipes, é um paraíso, já que são fartos e saborosos, fritos na hora. A massa tem boa consistência e é sequinha. O serviço pode vacilar um pouco nas filiais, já que o boteco nascido no Grajaú se espalhou por toda a cidade, da Lapa à Barra da Tijuca, passando por Tijuca, Botafogo, Copacabana e Leblon. São cerca de quarenta versões salgadas e oito doces. Os recheios variam entre clássicos como carne, queijo, napolitano e palmito, e combinações interessantes como brie com shitake, e o nobre, de gorgonzola, nozes e camarão. O burrito carioca leva feijão temperado com parmesão, e o atrevido combina carne-seca com queijo de coalho. Além dos pastéis, para petiscar temos a frigideira mineira, com mignon, calabresa, aipim e queijo de minas; a casquinha de camarão; um bom feijão amigo; o bolinho de bacalhau e uma recomendável seleção de escondidinhos (de bacalhau, camarão, carne-seca).

Bar do Chuveiro Banho gostoso

Botecos, pescados

Rodovia Mário Covas, Km 502 – Nova Itanema – Angra dos Reis
Tel.: (24) 3363-1049
3ª f. a dom., das 9h às 22h

🚗 não   💳 A|D|M|V   💲💲   🐾 não   📵 não   ♻ não   ♿ sim

>>

Parada estratégica para os que viajam pela Costa Verde, é um dos melhores botecos, senão o melhor, de beira de estrada de todo o Rio de Janeiro. Está a cerca de dez quilômetros após a entrada para Angra dos Reis. Para início de conversa, o chuveiro que dá nome ao estabelecimento é uma ducha forte e fresca, com água pura que desce das montanhas da Mata Atlântica. O banho é tão saboroso e restaurador quanto os pastéis da casa, pedidos por nove em cada dez frequentadores, quase sempre viajantes. Entre as melhores opções estão os de camarão, siri, bacalhau, carne-seca, frango com Catupiry e queijo de coalho com orégano. O bar também serve refeições substanciosas que duas pessoas dividem facilmente, e até três, "no caso de um casal com filho pequeno", como informa o garçom. Tem peixe com molho de camarão – a especialidade –, espaguete com camarão e também bife com feijão, arroz, farofa e batata frita.

Bar do Costa Feitiço da Vila

Botecos

Rua Torres Homem, 150 – Vila Isabel – Rio de Janeiro
Tel.: (21) 2204-0240 | www.bardocosta.com.br
3ª f. a dom., das 10h até o último cliente

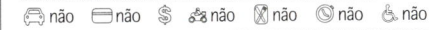 não 🍽 não 💲 ♿ não 🍴 não 🕐 não ♿ não

Mais perfeita tradução do que é um boteco, o Bar do Costa fica em uma esquina de Vila Isabel, com mesinhas espalhadas pela calçada. Na geladeira, a batidinha de maracujá está sempre a postos e bem geladinha. No balcão aquecido, repousam muitos dos acepipes que fazem o sucesso da casa: tem moela, torresmo, pernil, jiló, presunto tender... É um lugar para se despir de

>>

B

preconceitos e provar uma combinação de maxixe, jiló e quiabo, denominada Amargoso, que faz um sucesso danado e fica uma maravilha com uma boa pimentinha. No total, são cerca de setenta petiscos diferentes e que alegram a vizinhança e muitos moradores da Zona Sul apreciadores desse bar emblemático que, como poucos, traduz o espírito despojado carioca. A cerveja é sempre muito gelada. O que mais se pode querer de um boteco?

Bar do Gomez (Armazém São Thiago) Maravilha de cenário

Botecos

Rua Áurea, 26 – Santa Teresa – Rio de Janeiro
Tel.: (21) 2232-0822 | www.armazemsaothiago.com.br
2ª f. a sáb., das 12h à 0h; **dom.,** das 12h às 22h

não | A|D|M|V | $ | não | sim | não | não

Para saborear o Bar do Gomez – como é mais conhecido o Armazém São Thiago, localizado em uma esquina abençoada de Santa Teresa –, é preciso estar atento aos detalhes. Primeiro, à decoração. Com 90 anos de vida, a casa conserva um comprido balcão de madeira coroado com o mármore que tem a mesma idade, assim como os armários que vão do chão ao teto. Com mesinhas antigas, daquelas de madeira e mármore, parece mais um cenário. Além de lindo, é um botequim

>>

de primeira linha por servir petiscos deliciosos e um chope primoroso (em copo tipo schinitt, tal e qual nos melhores da cidade, como o alemão Bar Brasil – ver p. 63 – e o português Adonis – ver p. 44). Também é preciso ficar atento à cozinha. Os bolinhos de bacalhau e de carne saem com alguma regularidade e são colocados na estufa que enfeita o balcão. Peça logo os seus enquanto ainda estão fumegando – faz a maior diferença! Para investidas mais sérias, o cardápio reserva petiscos como o bacalhau no azeite com cebolas e azeitonas.

Bar do Hortomercado   É dia de feira e de pastel

Botecos

Estrada União e Indústria, 9.500 – Itaipava – Petrópolis
Tel.: (24) 8807-6443
6ª f. e sáb., das 8h às 18h; **dom.,** das 8h às 14h

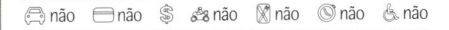
🚗 não   🛏 não   💲   👥 não   🍴 não   🅪 não   ♿ não

Comer pastel depois de fazer a feira é um programa típico de... São Paulo, mas também de Itaipava. Primeiro, batemos perna pelas bancas do Hortomercado, onde podemos encontrar tudo para uma refeição – produzido em propriedades rurais das redondezas – fresquinho: dos legumes e verduras mais bonitos até pães, ovos, mel, queijos e carnes (o pato é ótimo para ser assado lentamente). Depois, é hora de se acomodar no bar, seja no balcão, seja nas mesas do lado de fora da entrada e que vivem lotadas nos fins de semana (lembrando que o bar fecha logo no começo da tarde). Há quem vá até lá só para comer, beber e papear. A cerveja está sempre gelada e o solzinho serrano esquenta os corpos. Para matar a fome, pastéis e pastéis.

Bar do Joia

Botecos, cozinha tradicional

Rua Júlia Lopes de Almeida, 26 – Centro
Rio de Janeiro
Tel.: (21) 2263-0774
2ª f. a 6ª f., das 11h às 15h30

🚗 não   💳 não $ ♿ não   🍴 não   Ⓦ não   ♿ não

Boteco *sui generis* do Centro do Rio. Tem mais de 100 anos de vida e serve um louvável paio no feijão preto. O cardápio é pequenino, escrito à mão em um quadrinho logo na entrada. O frango assado e o carré de porco são algumas das opções. O lugar chegou a fechar as portas após a morte do dono, Seu Joia, mas antigos frequentadores passaram a ajudar Dona Alaíde, a viúva, que segue firme e forte no comando da casa, atuando na cozinha e no salão com uma simpatia danada. A cerveja vem sempre bem gelada e o clima é de constante festa em casa de amigo – mais especificamente, um amigo botafoguense e admirador de beldades, já que as paredes são decoradas com pôsteres de mulheres nuas e do time alvinegro.

Bar do Mineiro

Botecos, cozinha mineira

Rua Paschoal Carlos Magno, 99 – Santa Teresa
Rio de Janeiro
Tel.: (21) 2221-9227
3ª f. a sáb., das 11h às 2h; **dom.,** das 11h à 0h

🚗 não   💳 A|D|M|V $$ ♿ não   🚭 sim   🕙 não   ♿ não

A fórmula é simples. Misture um inusitado pastel de feijão e um admirável frango com quiabo e polenta com fotos de Raul Seixas, cachaças de várias procedências e gente de toda parte do mundo. Esse é o Bar do Mineiro, uma instituição de Santa Teresa sempre cheia de gringos que descobrem o boteco em guias de turismo. A feijoada, embora nem sempre venha no ponto mais acertado de cozimento dos grãos, é um clássico. As paredes de azulejo são decoradas com fotos de artistas da MPB, bondinhos de madeira e panelões de cobre. O balcão é protegido por imagens de santos que abençoam o carré com tutu e couve e a galinha à cabidela. Para encerrar, doce de leite ou goiabada com... queijo de minas, uai!

Bar dos Pescadores

Joga a rede, colhe o peixe

Botecos, pescados

Avenida José Bento Ribeiro Dantas, 85 – Manguinhos – Búzios
Tel.: (22) 2623-6785 | www.bardospescadores.com.br
2ª f. a 6ª f., das 11h às 8h; **sáb. e dom.,** das 11h às 19h

🚗 sim   💳 M $$$$ ⚇ não   ⌧ não   Ⓢ não   ♿ não

Hoje, o Porto da Barra, em Manguinhos, é um polo gastronômico repleto de bares e restaurantes. É um dos lugares mais badalados de Búzios. Tudo começou já faz tempo, com o Bar dos Pescadores, que servia peixes e frutos do mar muito frescos, comprados nas bancas que ainda hoje funcionam ali. Os preços subiram e estão no mesmo alto patamar que os da cidade, porém, há as suas compensações, começando pela vista para o mar, de onde saem, naturalmente, as especialidades desse botecão. Para começar, pastéis de camarão e siri, trilha frita e lula à doré. Pergunte sobre os peixes do dia, que ficam ótimos na brasa, bem como a lagosta, o lagostim e o camarão. As moquecas, que servem fartamente até três pessoas, são os pratos mais pedidos, mas o camarão abafado e o polvo com arroz de brócolis são sugestões mais leves, como pede a brisa que sopra constantemente.

Bar Imaculada Arte no morro

Bares

Ladeira João Homem, 7, Morro da Conceição –
Saúde – Rio de Janeiro
Tel.: (21) 2253-3999 | www.barimaculada.com.br
2ª f., das 11h às 16h; **3ª f. a sáb.,** das 11h às 22h

não   A|D|M|V $ não   sim   não   não

Uma das mais gratas novidades entre os bares do Rio, o Imaculada tem uma receita única de sucesso. Fica no Morro da Conceição, enclave interiorano no Centro do Rio, a poucos passos da Praça Mauá. Além de bar, é galeria de arte. Tem caldo de mocotó. A carta de cervejas é ótima, com rótulos especiais do Brasil, como Bierland, Estrada Real e Weizen, além de algumas estrangeiras, como Klein Brown Ale e Schneider Rubia. O carro-chefe do cardápio é o Bola 7: uma porção de bolinhos de arroz, feijão, bacon e carne-seca. Além de caldos e pastéis, há porções bem executadas de petiscos de botequim, como a carne-seca com aipim e linguiça de pernil flambada na cachaça. De segunda a sexta-feira é servido um cardápio executivo, com destaque para o bobó de camarão das quintas-feiras. Aos sábados, há uma gostosa bagunça, quando novos pratos são apresentados aos clientes, que podem, inclusive, interferir na criação das receitas.

B

Bar Lagoa Alemanha *art déco*

Cozinhas alemã e tradicional

Avenida Epitácio Pessoa, 1.674 – Ipanema – Rio de Janeiro
Tels.: (21) 2523-1135/2287-1112 | www.barlagoa.com.br
2ª f. a 6ª f., das 18h às 2h; **sáb., dom. e fer.,**
das 12h às 2h

 não   M|V $$$ não   não   não   não

A varanda, teoricamente, é o melhor lugar dessa casa alemã, que é um daqueles endereços essenciais em qualquer lista com a cara do Rio. O salão de paredes pintadas de verde bem clarinho com jeitão *art déco*, que remete a 1934, ano da inauguração, é tão agradável quanto a brisa da Lagoa e a vista para o Cristo Redentor. Em qualquer lugar, estamos bem servidos. O cardápio se divide entre as especialidades alemãs e os pratos típicos dos restaurantes cariocas, como o bom filé à francesa. As iguarias germânicas levam alguma vantagem para acompanhar o chope, que forma par perfeito com os croquetes de carne, as salsichas com salada de batata ou o kassler e o eisben com chucrute. O steak tartar tem fiéis seguidores e está entre os melhores da cidade, servido com pão preto (peça uma poção de fritas para completar).

Bar Luiz

Cozinhas alemã e tradicional

Rua da Carioca, 39 – Centro – Rio de Janeiro
Tel.: (21) 2262-6900 | www.barluiz.com.br
2ª f. a sáb., das 11h30 à 0h

🚗 não   💳 A|D|M|V   💲💲💲   🚲 não   ⓧ sim   🕐 não   ♿ não

O chope já esteve entre os melhores do Rio, mas, quando o centenário Bar Luiz trocou a marca que jorrava das torneiras desde 1887, ano da inauguração, a qualidade caiu bastante, e também as vendas e o movimento. Um tiro no pé. Hoje a casa de salão comprido com paredes de azulejo e garçons à moda antiga anda mais vazia, possivelmente por causa disso, mas a cozinha continua competente no preparo de receitas alemãs. O bife à milanesa e as salsichas e os salsichões vermelhos e brancos servidos com salada de batata, ainda a mais saborosa da cidade, são os mais pedidos. O kassler e o eisbein também são dignos de atenção. Para fugir do trivial, vale apostar na língua de boi defumada à milanesa, que chega à mesa cortada fininha, bem sequinha e crocante, para ser apreciada com mostarda. O chope, nessa hora, nem faz tanta falta.

Bar Rebouças
Um pequeno botecão

Botecos

Rua Jardim Botânico, 197, loja 2 – Jardim Botânico – Rio de Janeiro
Tel.: (21) 2286-3212
2ª f. a sáb., das 7h às 2h

🚗 não   💳 M|V   💲   🍴 sim   ❌ sim   🕐 não   ♿ não

Quem passa por ali durante o dia não pode imaginar que está diante de um dos bares mais adorados da Zona Sul, frequentado pela turma de cinema, por jornalistas, hippies e yuppies. Esse boteco apertado tem pratos do dia que valem a visita: às segundas-feiras tem língua; às terças, rabada, e, às sextas, mocotó, entre outras receitas de resistência da tradição "botequeira". Outro símbolo da casa é o jiló, servido no palitinho e vendido por unidade, mas há também o bolinho de bacalhau. Um petisco campeão é o admirável bolinho de camarão com Catupiry. À noite, o bicho pega. Depois que as lojas vizinhas baixam as portas, os clientes vão chegando sem parar. As mesinhas vão tomando a calçada, e eles, cervejas, cervejas e mais cervejas. O Bar Rebouças vira uma festa.

Bar Urca
Só podia ser no Rio

Botecos, cozinha tradicional, pescados, happy hour

Rua Cândido Gaffrée, 205 – Urca – Rio de Janeiro
Tel.: (21) 2295-8744 | www.barurca.com.br
Restaurante: **2ª f. a sáb.,** das 11h30 às 23h; **dom.,** das 11h30 às 19h
Bar: **3ª f. a 6ª f.,** das 6h30 às 23h; **sáb.,** das 9h às 23h; **dom.,** das 9h às 20h

🚗 não   💳 D|M|V   💲💲💲   🍴 não   ❌ sim   🕐 sim   ♿ não

O Bar Urca é um boteco único, que proporciona uma daquelas experiências imperdíveis em qualquer roteiro pela cidade. Os clientes compram as cervejas e os petiscos no balcão da casa e atravessam a rua. Todos se acomodam na mureta debruçada sobre a Baía de Guanabara para observar o Rio de um de seus ângulos mais formosos, com barquinhos de madeira balançando no mar, o Cristo... Vá no fim da tarde para ver o sol cair e as luzes da cidade se acenderem, e faça isso com uma boa cerveja no copo, ao sabor de empadas, pastéis e caldinhos de frutos do mar. O Bar Urca é do tipo dois em um: embaixo, um botecão; em cima, um restaurante com cardápio tradicional voltado para pescados e com influência portuguesa. São várias receitas com bacalhau, feijoada aos sábados e cozido aos domingos. Se subir para o restaurante, tente encontrar uma mesa junto à janela para aproveitar a vista.

Bar Varnhagen   Joia tijucana

Botecos

Praça Varnhagen, 14-A – Tijuca – Rio de Janeiro
Tel.: (21) 2254-3062
2ª f. a 6ª f., das 7h às 20h30;
sáb. e dom., das 9h às 17h

🚗 não   🍽 não   💲   ♿ sim   ❌ não   🕐 não   ♿ não

\>>

Com o nome oficial de Café e Bar Varnhagen, esse simpático boteco tijucano proporciona prazeres maiores que comer, beber e papear. A decoração é uma joia, com azulejos antigos, balcão de fórmica e estufas envidraçadas de mil novecentos e antigamente, além de muitas plantinhas bem cuidadas. Por isso, ficar em alguma mesinha ali dentro é a melhor pedida. Comece pela afamada batida de limão--galego, clássico da casa. E peça croquetes de carne, de massa consistente e ótimo tempero, e as pataniscas de bacalhau, que honram a origem lusitana do lugar também conhecido como Bar dos Passarinhos, por receber criadores nos fins de semana. Há um enxuto cardápio, com especialidades do dia. Um típico receituário de boteco, com rabada e carne assada servidos com arroz, feijão e farofa.

Barão Gastronomia Templo da caça

Variados

Estrada União e Indústria, 13.581 – Itaipava – Petrópolis
Tels.: (24) 2222-2669/8803-9387
www.baraogastronomia.com.br
2ª f. a dom., apenas com reserva

🚗 sim   🍽 não   💲💲💲💲   ♿ não   ❌ não   🕐 sim   ♿ sim

O Barão Gastronomia não é um restaurante comum. Para começar – raridade no Brasil –, só funciona com reservas. Fica em uma simpática casinha de

>>

beira de estrada, às margens da União e Indústria, em Itaipava, decorada graciosamente: o puxador da porta é uma colher de pau, e as luminárias podem ser raladores, por exemplo. A cozinha é aberta, e do salão é possível ver o trabalho de Alessandro Soares Vieira, o chef Barão. São vários menus degustação, de 3 a 14 pratos, com ênfase nas carnes de caça (caça certificada, de cativeiro). O javali, a capivara, o avestruz, a paca e outros bichos ora são chamuscados em frigideira quente, ora assados lentamente, e quase sempre são servidos com molhos à base de frutas e vinho. Para acompanhar, purês cremosos (o de baroa é sensacional) e legumes orgânicos da região.

Barsa

O chique do Cadeg

Variados

Rua Capitão Félix, 110, rua 4, lojas 4 e 6 – Benfica – Rio de Janeiro (Cadeg)
Tel.: (21) 2585-3743
2ª f. a 5ª f., das 12h às 16h; **6ª f. a dom.,** das 12h às 17h

🚗 sim 💳 A|D|M|V 💲💲💲 ♿ não 🍷 sim 🕐 sim ♿ sim

Mais uma boa razão para visitar o Centro de Abastecimento do Estado da Guanabara, conhecido como Cadeg, em Benfica, além da festa portuguesa aos sábados, dos churrasquinhos da madrugada, dos vinhos, das flores e dos alimentos vendidos nas muitas lojas do lugar. Entretanto, o Barsa foge do perfil desse mercadão popular: é um restaurante fino que serve pratos como coelho ao vinho e paella, além de uma louvável paleta de cordeiro assada com batatinhas, ideal para até quatro pessoas. Para petiscar, bruschetta, caldinho de feijão e os pães feitos na casa. Há algumas mesas dentro do restaurante, mas o

>>

B

melhor a se fazer é escolher alguma das que ocupam o corredor do mercado. Como não tem ar-condicionado, a visita no verão pode se tornar inviável. Até por conta do menu calórico, o Barsa é um restaurante para se ir no inverno.

Bazzar

Variados

Rua Barão da Torre, 538 – Ipanema – Rio de Janeiro
Tel.: (21) 3202-2884 | www.bazzar.com.br
2ª f. a sáb., das 12h à 1h; **dom.,** das 12h às 19h

🚗 sim   💳 A|D|M|V $$$ 🐾 não   🚭 não   🕐 sim   ♿ sim

Filiais
Rua Visconde de Pirajá, 572 – Ipanema – Rio de Janeiro
Tel.: (21) 2249-4977
2ª f. a dom., das 12h às 23h

Avenida Afrânio de Melo Franco, 290, 2º piso – Leblon – Rio de Janeiro (Shopping Leblon)
Tel.: (21) 2294-3660
2ª f. a 5ª f., das 10h às 23h; **6ª f. e sáb.,** das 10h à 0h; **dom.,** das 12h às 23h

Avenida Rio Branco, 44, mezanino – Centro – Rio de Janeiro
Tel.: (21) 2253-1248
2ª f. a 6ª f., das 12h às 18h

>>

"Nascido e criado em Ipanema", como diz o *slogan*, é a cara do Rio. O Bazzar é um restaurante que não para. Tem cardápio de verão, tem cardápio de inverno. Quando um novo ingrediente aparece no mercado, como o alho negro, é logo incorporado à cozinha da casa. Uma das novidades é a carta de cervejas, com rótulos especialíssimos e um cardápio todo voltado a elas. A combinação de caldinho de feijão com a Bamberg Schwarzbier é fantástica. Tudo isso é fruto da incansável Cristiana Beltrão, sócia da empresa, que também tem cafés instalados em livrarias e uma linha de produtos, com molhos, cafés... Na cozinha, o chef Claudio de Freitas consegue balancear uma base clássica com alguma criatividade. Assim nascem pratos como a sopa de milho com queijo de cabra e cogumelos, a cavaquinha com purê de aipim, a palha de alho-poró e molho de avelãs. Para os amantes dos mariscos, um pedido infalível é o escabeche de mexilhões com fios de laranja e torradas de focaccia. A polenta misturada a pedaços de St. Agur, um delicioso queijo azul, com um pouco de azeite trufado, uns pedaços de nozes e um ovo caipira frito por cima é puro conforto. Para completar, tem ótima carta de vinhos e uma linda adega. No Bazzar Café, o cheeseburger de picanha com cebola roxa e cheddar está entre os melhores da cidade.

Berbigão — Pescados dos dois lados da Ponte

Pescados

Avenida Bento Maria da Costa, 1.231 e 1.275 – Jurujuba – Niterói
Tels.: (21) 2714-4555/3611-1202 | www.berbigao.com.br
dom. a 5ª f., das 11h à 0h; **6ª f. e sáb.,** das 11h à 1h

🚗 não   🍽 A|D|M|V $$ 🐾 não   🍸 sim   🕐 sim   ♿ sim

Filial Rua do Catete, 150 – Catete – Rio de Janeiro | Tel.: (21) 2205-7245
dom. a 2ª f., das 11h até o último cliente   **>>**

B

Boteco não muito famoso, mas com uma legião de apreciadores divididos entre Niterói, a matriz, com duas unidades vizinhas em Jurujuba, e o Catete. A razão de tanto apreço são os peixes e frutos do mar sempre frescos, que dominam o cardápio, e os preços justos. Dependendo de seu humor e do apetite, o Berbigão pode ser um botecão ou um restaurante sem frescura especializado em pescados. Para começar, bolinhos de bacalhau, pastéis de camarão e casquinha de siri para acompanhar o chope gelado. Os pratos são fartos e servem facilmente duas pessoas, como o bobó de camarão e as receitas de bacalhau.

Bergut

Vinho e algo mais

Variados

Rua Miguel de Frias, 169, loja 102 – Icaraí – Niterói
Tel.: (21) 2620-7666 | www.bergut.com
2ª f. a sáb., das 10h às 21h

 não ⊟ A|D|M|V $$ sim* não não não

Filiais
Rua Senador Dantas, 100, loja A – Centro – Rio de Janeiro (loja de vinhos)
Tel.: (21) 2532-7332
2ª f. a 6ª f., das 9h às 19h30

Avenida Erasmo Braga, 299, loja B – Centro – Rio de Janeiro
Tel.: (21) 2220-1887
2ª f. a 6ª f., das 9h às 20h

* Entregas apenas de vinhos e em compras acima de R$ 200.

>>

Misto de loja de vinhos e restaurante, tem unidades no Centro do Rio e em Niterói. Também vende acessórios, livros, cervejas especiais e alguns ingredientes importados. Com boa programação de eventos enogastronômicos e ótimos rótulos vendidos a preços atraentes, é um refúgio seguro para os apreciadores da bebida. O cardápio, que muda regularmente, tem base clássica, com massas, risotos e carnes. As receitas que combinam esses dois últimos itens costumam ser as mais bem-sucedidas. A unidade Senador Dantas não funciona como restaurante, apenas como loja.

Bibi Sucos — Batido e misturado

Sucos, sanduíches, café da manhã, comidas rápidas

Avenida Ataulfo de Paiva, 591-A – Leblon – Rio de Janeiro
Tel.: (21) 2259-0000 | www.bibisucos.com.br
dom. a 5ª f., das 8h à 1h; **6ª f. e sáb.,** das 8h às 3h

🚗 não 🖃 A|D|M|V 💲 🐾 sim 🗶 sim 🚭 não ♿ sim

Filiais
Rua Cupertino Durão, 81 – Leblon – Rio de Janeiro
Tel.: (21) 2259-4948
dom. a 5ª f., das 12h à 1h; **6ª f. e sáb.,** das 12h às 2h

Rua Miguel Lemos, 31-A – Copacabana – Rio de Janeiro
Tel.: (21) 2513-6000
2ª f. a dom., das 8h às 2h

Rua Olegário Maciel, 440 – Barra da Tijuca – Rio de Janeiro
Tels.: (21) 2493-6033/2493-1993
 2ª f. a sáb., das 7h à 0h; **dom.,** das 10h à 0h

>>

B

Rua Jardim Botânico, 632-A – Jardim Botânico – Rio de Janeiro
Tel.: (21) 3874-0051
2ª f. a 5ª f., das 8h30 à 1h; **6ª f. e sáb.,** das 8h30 às 2h; **dom.,** das 8h30 à 1h

Outras filiais: NorteShopping, Shopping Leblon, Rio Sul, Plaza Shopping, Icaraí (Niterói) e
Av. das Américas (Barra da Tijuca)

Casa de sucos clássica do Leblon, inaugurada em 1993, aos poucos, foi se expandindo pela cidade. Ótima parada para antes ou depois da praia. São mais de quarenta variedades de sucos, como fruta do conde, umbu, caqui e carambola, além de vitaminas, como a tutti frutti, e milk shakes. É possível reforçar os sucos com água de coco, hortelã, iogurte e mel, entre outros itens. Uma seleção especial traz criações como limão e mel, figo com água de coco, manga com menta e cacau com morango. Para comer, hambúrgueres, filé com queijo e pasta de galinha ao curry. O hambúrguer tatuí é preparado com carne de cordeiro, acompanhada por homus tahine, berinjela grelhada, tomate e hortelã, e vale por uma saborosa refeição.

Bip Bip
Boteco, roda de samba e Carnaval

Botecos

Rua Almirante Gonçalves, 50, loja D – Copacabana – Rio de Janeiro
Tel.: (21) 2267-9696
2ª f. a dom., das 19h à 1h

🚗 não   🍽 não   💲   🚲 não   🅧 não   Ⓢ não   ♿ não

>>

O Bip Bip é mais que um bar. É o único boteco de que se tem notícia que é também bloco de Carnaval e roda de samba, capitaneados por Alfredinho, o dono, que bate ponto atrás do balcão todos os dias. Não é um bar para comer, mas para se alimentar a alma com samba e choro e com um clima que só poderia mesmo existir em solo carioca. Espécie de quartel-general do samba, o local reúne a velha e a jovem guarda, que tocam sem cobrar cachê, em uma rara descontração. Passaram e passam por lá nomes como Beth Carvalho, Moacyr Luz, Walter Alfaiate, todo mundo, e não há um só sambista na cidade que nunca tenha dado ao menos uma canjinha no Bip Bip. É um daqueles bares da seleta lista "vá se você quer entender o Rio de Janeiro".

Bira   Vale a vista e a visita

Pescados, cozinha baiana

Estrada da Vendinha, 68-A – Barra de Guaratiba – Rio de Janeiro
Tel.: (21) 2410-8304
5ª f. e 6ª f., das 12h às 17h; **sáb. e dom.,** das 12h às 19h

🚗 sim   🍽 não   💲💲💲💲   🚲 não   🅿 não   Ⓦ não   ♿ sim

Há lugares que são para ver, e outros, para ser visto. O Bira, em Guaratiba, é um lugar para ver. Ver a paisagem da Restinga da Marambaia e do canal que deságua no mar. Filho da lendária Tia Palmira, antiga dona de outra casa bem afamada ali perto, Bira prepara moquecas encorpadas, servidas com a vista privilegiada. As de camarão e de cação, e também a que mistura ambos a polvo, lula e marisco, estão entre as mais pedidas. Nos fins de semana, a casa fica lotada, e é comum haver filas. Assim, antes de seguir para uma mesa, o ritual sugere uma parada no bar para caipirinhas e pastéis de camarão. Para petiscar, o camarão frito com casca é servido com uma pequena montanha de alho douradinho e crocante. Irresistível.

Birosca Romana di Sandro
Boteco alla italiana

Cozinha italiana, bons e baratos

Estrada Teresópolis-Friburgo, Km 3,8 – Vale Feliz –Teresópolis
Tel.: (21) 2644-8484
5ª f., das 11h30 às 15h; **6ª f. e sáb.,** das 11h30 às 17h e das 19h às 23h; **dom.,** das 11h30 às 16h

🚗 não 💳 A|M|V 💲💲 🛵 não ✖ não 🕐 não ♿ não

O italiano Sandro Masella vive no Brasil há vinte anos. Escolheu Teresópolis para morar e acabou abrindo um restaurante que funciona em um posto de gasolina às margens da Estrada Teresópolis-Friburgo, não muito longe do centro da cidade, no Vale Feliz. Lugar singelo, mas com comida extremamente saborosa e ótimos preços. Uma ode à simplicidade, faz a gente se sentir em uma legítima birosca romana, com o atendimento simpático das garçonetes. O forte da casa são as carnes acompanhadas por massas, como a perdiz que vem afogada em molho espesso, servida com talharim na manteiga de sálvia. O cardápio traz receitas com ossobuco, rabada, carneiro e coelho, que podem ser escoltados por um delicioso nhoque. Quem preferir pode pedir uma pizza. Sandro ainda vende os molhos prontos para serem levados para casa.

Blason

Enfim, grande

Cozinha francesa, variados

Praia do Flamengo, 340 – Flamengo – Rio de Janeiro (Casa Julieta de Serpa)
Tels.: (21) 2551-1278/2551-9312 | www.julietadeserpa.com.br
3ª f. a 6ª f., das 12h às 15h e das 19h às 23h; **sáb.,** das 19h às 23h; **dom.,** das 12h às 16h

🚗 sim   🍽 A|D|M|V $$$ ♿ não   🚭 não   🕐 sim   ♿ não

Depois que o francês Pierre Landry assumiu a cozinha, o Blason, enfim, entrou para a lista dos melhores restaurantes do Rio. Já era um dos mais bonitos, ainda que, para alguns, a decoração seja exagerada. Na linda Casa de Arte e Cultura Julieta de Serpa, o Blason oferece um cardápio instigante e bem executado na imensa cozinha que, recentemente, passou por reformas. Para começar, tempurá de flor de abobrinha recheada e folhado de aspargos ao creme de frutos do mar. Depois, canelone de lagostin ao molho de pimenta rosa, fricassé de cavaquinha à provençal com pequenos legumes, confit de pato ou carré de cordeiro com gratin de abobrinha. Para fechar, nougat gelado com calda de nectarina. O chá da tarde, servido no Salão d'Or, pode ter a "companhia" de atores.

Bordeaux Vinhos & Cia.

Acertos na casa dos sete erros

Variados, delicatessens

Estrada União e Indústria, 10.341, loja 114 – Itaipava – Petrópolis
Tel.: (24) 2222-6240 | www.bordeauxvinhos.com.br
2ª f. a dom., das 10h até o último cliente

🚗 sim   🍽 A|D|M|V $$$ ♿ sim   🚭 sim   🕐 não   ♿ sim

B

Filiais

Rua Ipiranga, 716 – Centro – Petrópolis (restaurante)
Tel.: (24) 2242-5711
2ª f. a dom., das 12h à 1h

Rua 16 de Março, 221 – Centro – Petrópolis (delicatéssen)
Tel.: (24) 2237-1903
2ª f. a dom., das 8h às 22h

São três endereços, dois no Centro de Petrópolis e um em Itaipava. O mais interessante de todos, de longe, é o que funciona na antiga cocheira da Casa dos Sete Erros, como é mais conhecida a Casa Ipiranga, uma construção histórica. Com mesas de madeira e paredes de tijolinho, é um dos lugares mais aprazíveis da Serra para se sentar com os amigos e passar a tarde, gastando o tempo conversando e bebendo vinhos, vendidos a bom preço. Também há uma extensa lista de cervejas e destilados. Não espere grandes méritos culinários, ainda que o cardápio seja consistente. É um lugar para se comer tábuas de frios, petiscos, sanduíches e sopinhas gostosas.

Bracarense   Melhor que nunca

Botecos, pós-praia

Rua José Linhares, 85 – Leblon – Rio de Janeiro
Tels.: (21) 2294-3549/2511-1496
2ª f. a 6ª f., das 8h à 0h; **sáb,** das 9h30 à 0h; **dom.,** das 10h às 22h

🚗 não 🍽 não 💲 ♿ não ❌ sim 🚭 não ♿ não

>>

O Dirceu continua pilotando a chopeira com a maestria de sempre, na pressão, com colarinho nervoso. Os salgadinhos que enfeitam a vitrine aquecida saem da cozinha fresquinhos. Uma bênção ao bolinho de aipim com camarão e Catupiry. O caldinho de feijão arranca suspiros. O pernil e a carne assada seguem suculentos e bem temperados. Os PFs de segunda a sexta-feira ainda são uma das refeições mais baratas e saborosas do Leblon. E as mesas continuam lotadas. Mas o Bracarense mudou um pouco; não sai mais nos jornais, o que apenas refinou sua clientela, afastando os seguidores de modismos. E está sempre apresentando novidades, como os famosos bolinhos de feijoada inspirados na receita da Katia, do Aconchego Carioca (ver p. 38), só que empanados na farinha de milho. Assim, a impressão que fica é a de que, a despeito da morte de um dos sócios, o Armando, em 1998, o Bracarense nunca esteve tão bem, obrigado.

Braseiro da Gávea   A culpa é da picanha

Carnes, cozinha tradicional, variados, galetos

Praça Santos Dumont, 116 – Gávea – Rio de Janeiro
Tel.: (21) 2239-7494 | www.braseirodagavea.com.br
2ª f. a 5ª f., das 12h à 1h; **6ª f. e sáb.,** das 12h às 3h; **dom.,** das 12h à 1h

🚗 não   🍽 A|D|M|V $$$ ♨ sim   🍷 sim   Ⓢ não   ♿ não

Ir ao Braseiro da Gávea é um programa carioca, e de índio. A casa fica tão cheia que a espera por uma mesa pode chegar a duas horas. Mas, ao menos, é possível ficar por ali, bebendo chope na porta, conversando com as pessoas ao redor, observando o movimento. É um lugar para ver e ser visto, conhecer gente, namorar. A razão de tamanho sucesso não se sabe, mas é seguro que

B

a picanha servida com fritas e farofa de ovos perfeita tem muita culpa. Peça, por favor, uma camada de alho frito para ser espalhada sobre a carne que tudo fica ainda melhor. Antes dela, aproveite quando o garçom estiver circulando pelo salão com um espeto de linguiças e peça uma. Para acompanhar, chope na pressão, é claro.

Brasserie Rosário Coma e leve o pão

Cozinha francesa, padarias, delicatessens

Rua do Rosário, 34 – Centro – Rio de Janeiro
Tel.: (21) 2518-3033 | www.brasserierosario.com.br
2ª f. a 6ª f., das 11h às 21h; **sáb.,** das 11h às 18h

🚗 não   💳 A|D|M|V   💲💲💲   🅿 sim   🏍 sim   Ⓢ sim   ♿ sim

Além de ser uma das melhores padarias da cidade, é um bom restaurante, com cardápio variado, de acento francês. Além disso, funciona em um lindo casarão, com parede de pedra e mezanino. O capítulo entrada tem tudo de que precisamos para uma refeição rápida e saborosa, com carpaccio de peito de pato e vinagrete de framboesa, omelete de queijo gruyère com ervas, patê de campagne e de codorna com avelã e pistache. A seleção de pratos principais é enxuta e traz cassoulet, cherne grelhado com cuscuz marroquino e espuma de manjericão, e um pernil de cordeiro assado por sete horas que vale a visita. Os doces também merecem destaque, seguindo a linha clássica da pâtisserie francesa, com adoráveis macarons e tarteletes. Só não deixe de levar o pão para casa.

Brasileirinho

Cozinhas brasileira e mineira

Rua Jangadeiros, 10-A – Ipanema – Rio de Janeiro
Tels.: (21) 2513-5184/2523-4994
2ª f. a dom., das 12h à 0h

🚗 não   💳 M|V $$ 🛵 sim   🅿 não   🕐 sim   ♿ não

Filial Avenida Atlântica, 3.564 – Copacabana – Rio de Janeiro (Hotel Debret)
Tel.: (21) 2267-3148
2ª f. a dom., das 12h à 0h

Em 2010 foi inaugurada uma filial na Avenida Atlântica, com projeto arquitetônico caprichado e até uma modesta carta de vinhos. Mas a casa original, em Ipanema, parece mais simpática. A cozinha é brasileiríssima, e o carro-chefe é a feijoada, servida todos os dias (o Brasileirinho é dos mesmos donos da Casa da Feijoada – ver p. 110 –, logo ao lado). Antes de fazer o pedido, vale a pena percorrer o cardápio de entradas enquanto se aprecia a decoração, cheia de referências regionais e potes de doce de leite, pimenta biquinho, panelas de pedra... O pastel de angu à moda mineira é um sucesso, assim como o caldinho de feijão espesso, enriquecido com as carnes. Linguiça

>>

mineira, costelinha e carne de sol montam um repertório de acepipes muito apropriado. Para os que não querem feijoada, há um cardápio com aroma de roça, com tutu à mineira, carne-seca com abóbora e picanha à fazendeiro, com feijão tropeiro (feito com farinha de milho, linguiça, bacon e ovos cozidos), couve à mineira, batata frita e arroz branco.

Bräun & Bräun

Cerveja só

Cozinha alemã, cervejarias

Estrada Rio-Friburgo (RJ 116), Km 72,2 – Mury – Nova Friburgo
Tel.: (22) 2542-1338 | www.braunbraun.com.br
5ª f. a sáb., da 11h à 0h; **dom.,** das 12h às 18h

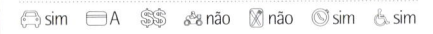 sim   A $$ não   não   sim   sim

Essa agradável casa alemã, em meio ao bucolismo do distrito de Mury, em Nova Friburgo, tem uma das maiores cartas de cerveja do Brasil, com mais de trezentos rótulos diferentes da bebida. A cozinha é germânica, mas faz algumas concessões ao servir petiscos brasileiros perfeitos para acompanhar uma boa cerveja, como pastéis e croquetes de mortadela, e também passeia pela Suíça, servindo fondues e racletes. A tradição da pátria do chucrute aparece em pratos como o eisbein e o kassler, além das salsichas de todos os tipos: branca, com ervas, com rúcula e até de javali. Para acompanhar, batata rösti. Para fechar em grande estilo, pastelzinho de banana com geleia de pimenta.

Bráz

Pizzas

Rua Maria Angélica, 129 – Jardim Botânico – Rio de Janeiro
Tel.: (21) 2535-0687 | www.casabraz.com.br
dom. a 5ª f., das 18h30 à 0h30;
6ª f. e sáb., das 18h30 à 1h30

🚗 sim   💳 A|D|M|V   💲💲   sim   🚭 não   🕐 sim   ♿ sim

Filial Avenida Érico Veríssimo, 46 – Barra da Tijuca – Rio de Janeiro
Tel.: (21) 2491-7170
dom. a 5ª f., das 18h30 à 0h30; **6ª f. e sáb.,** das 18h30 à 1h30

A rede paulistana de pizzarias logo caiu no gosto do carioca. A primeira loja no Rio, no Jardim Botânico, é bonita, decorada como os mercados de antigamente, e espaçosa, com direito a um disputado terraço com vista para o Cristo. Vive lotada. Uma boa carta de vinhos oferece bons acompanhamentos para a especialidade da casa, que também vai muito bem com o chope de colarinho espesso. As pizzas, com borda alta e fofa, têm massa grossa e ingredientes importados da Itália, como um tomate especial enlatado e o fundo de alcachofra (uma vez por ano há um festival com matéria-prima especial, garimpada pelos sócios, especialmente para a ocasião). Quase todos pedem o pão de linguiça para iniciar os trabalhos. As pizzas seguem a linha clássica, apresentando

>>

combinações como à carbonara, com ovo picado, pancetta e uma mistura de queijos grana padano e pecorino. Outra boa pedida é a maçarico, que leva linguiça, pimenta e cebola.

Bürgermeister

A brilhante cerveja escura

Cozinha alemã, cervejarias

Rua Deolinda Thurler, 119 – Cônego – Nova Friburgo
Tel.: (22) 2522-8255
2ª f. a 6ª f., das 12h às 16h e das 18h às 23h;
sáb., das 12h às 23h; **dom.,** das 12h às 20h

🚗 não   🍽 M|V $$ 🏍não   🗡não   Ⓢ não   ♿ não

As paredes de madeira são decoradas com quadros da Alemanha e bolachas de chope recolhidas em várias partes do mundo. O serviço é familiar e cordial, e os donos servem pessoalmente os clientes e conversam sobre os pratos. Nesse ambiente acolhedor e sugestivo, oferece-se um ótimo chope escuro de produção própria, encorpado e saboroso, com aromas defumados e espuma cremosa, a mais perfeita companhia para as receitas da casa, e ingrediente de muitas delas – lombo de porco à milanesa; joelho de porco na cerveja; pernil de carneiro com molho de cerveja e maçã; ganso à moda alemã, feito na cerveja; e o eisbein assado na espuma de cerveja, o prato mais pedido.

Cachambeer

Botecos

Rua Cachambi, 475 – Cachambi – Rio de Janeiro
Tel.: (21) 3597-2002 | www.cachambeer.com.br
3ª f. a 6ª f., das 17h à 0h; **sáb.,** das 12h à 0h;
dom., das 12h às 18h

🚗 não 💳 A|D|M|V $$ 🎵 não 🦐 sim 🕐 não ♿ não

É bom evitar os fins de semana, quando a casa fica lotada. As porções são generosas, e a costela assada no bafo, no ponto mais perfeito de cozimento, é a principal atração, preparada no forno que fica na calçada sob o comando do chef conhecido como Pança. O joelho de porco e a picanha também são dignos de nota. Os pastéis têm recheio farto: "Se quiser creminho de camarão, nem peça", adverte o colorido cardápio, que apresenta um repertório calórico de receitas. Para os apreciadores de camarão, o palmito assado com o crustáceo e Catupiry é um espetáculo. O lombo de bacalhau é alto e bem dourado, enquanto o Porquinho Embriagado, criado para a edição de 2011 do Festival do Comida di Buteco, é uma costelinha de porco temperada na cerveja e assada no bafo. O dono, Marcelo Novaes, está sempre presente, e é ele o responsável pela decoração e pelo cardápio, com fotos e tiradas espirituosas, como o nome de um dos petiscos principais do lugar, o Infarto Completo, que justifica inteiramente o batismo ao reunir linguiça, coração, torresmo, aipim, carne de sol, farofa, manteiga de garrafa...

Café Gaúcho

Café, suco ou chope?

Botecos, happy hour

Rua São José, 86 – Centro – Rio de Janeiro
Tel.: (21) 2533-9285
2ª f. a 5ª f., das 6h30 às 21h; **6ª f.,** das 6h30 às 22h

🚗 não 🍴 não $ ♨ não ❌ sim 🅿 não ♿ não

Na esquina das ruas São José e Rodrigo Silva, bem próximo ao terminal Menezes Côrtes, no Castelo, o dia começa com clientes chegando para o café da manhã: média, pão com manteiga, sucos. Durante a tarde, o movimento cresce, com a freguesia apressada que precisa de um lanche rápido. Saem aos montes os sanduíches de linguiça com molho de tomate, cebola e pimentão, as empadinhas de camarão e os croquetes. Os mais assíduos pedem o Malandrinho, que remete à Holanda, onde a prática é comum: um croquete é colocado no pão e servido como sanduíche. No final da tarde, o balcão e as bancadas do lado de fora ficam lotados, e o chope jorra das torneiras, matando a sede da multidão de cinquenta boêmios.

Caldinho de Piranha

O mar e o pantanal na Serra

Pescados, botecos

Rua José Elias Zaquem, 305 – Agriões – Teresópolis
Tels.: (21) 2643-4908/2643-2559
3ª f. a 5ª f., das 12h à 0h; **6ª f. e sáb.,** das 12h às 2h

sim   A|D|M|V $$$ sim   sim   não   sim

A encorpada receita que batiza esse boteco serrano especializado em pescados é um pedido certeiro para se começar a investida ao Caldinho de Piranha, inaugurado em 1994, em Teresópolis. Os pastéis de camarão, com recheio farto, também são. A isca de cherne à doré com molho rosé é uma boa opção para as mesas mais numerosas. Difícil mesmo é escolher o prato principal. Sorte que todo o cardápio pode ser pedido em meia porção (por 60% do valor). Assim, dá para experimentar um pouquinho de tudo. O polvo ao alho e óleo está seguramente entre os melhores do Rio de Janeiro, com tentáculos macios e saborosos, e que ficam uma maravilha com uma porção de brócolis. Os camarões abafados com cebola merecem aplausos (vale pedir uma porção de alho frito para incrementar). O cardápio é vasto e todo voltado às delícias marinhas: escondidinho de camarão, moqueca mista e receitas de bacalhau fazem a festa da clientela fiel.

Camponesa da Beira

Cozinha portuguesa

Rua Heitor Moura Estevão, 22 – Várzea – Teresópolis
Tel.: (21) 2742-1993
2ª f., 3ª f., 5ª f. e dom., das 9h30 às 16h;
6ª f. e sáb., das 10h às 21h

🚗 não   🍽 não   💲   ♨ não   🈲 não   ◎ não   ♿ não

Não se acanhe com o espaço reduzido e a aparência modesta. No restaurante Camponesa da Beira, serve-se a autêntica cozinha portuguesa, que não fica a dever aos maiores nomes da especialidade. Comece com os bolinhos de bacalhau e peça para a dona, Maria do Céu, que comanda a casa ao lado do marido, que os frite na hora. É só regar com azeite e pimenta. As receitas de bacalhau se sucedem no cardápio e poucos pratos ali fogem desse peixe salgado. Dona Maria do Céu, nascida na cidade de Lamego, na região da Beira Alta, é uma cozinheira de mão cheia, que quase todos os anos volta a Portugal, em setembro, para férias (é sempre bom ligar para confirmar se o local está aberto). Ela prepara vários pratos off-menu, como cabrito assado e coelho (e também algumas receitas de bacalhau, como o Zé do Pipo). Para arrematar, deliciosos pastéis de nata, ótimos para serem levados para casa e aquecidos no forno antes de servir.

Caneco Gelado do Mário

Botecos, pescados

Rua Visconde de Uruguai, 288 – Centro – Niterói
Tel.: (21) 2620-6787
2ª f. a 5ª f., das 9h às 23h; **6ª f.,** das 9h à 0h;
sáb., das 9h às 19h

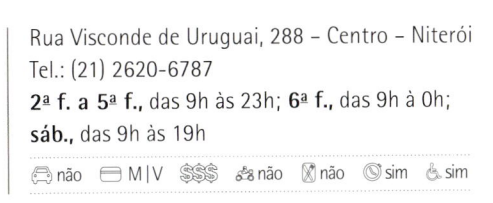

não   M|V $$$ não   não   sim   sim

Inaugurado em 1968, é uma verdadeira instituição niteroiense. O Caneco Gelado do Mário tem uma fórmula simples de sucesso: servir cerveja no ponto, o que justifica o nome da casa, acompanhada de petiscos de frutos do mar, como os pastéis de camarão e siri e os bolinhos de bacalhau, dois ícones do lugar. Muitos clientes preferem ficar em pé, no balcão ou do lado de fora, resquício do tempo em que o boteco era só uma portinha. Também há receitas mais robustas nessa casa de serviço moroso, dividida em vários ambientes, sendo o melhor deles, de longe, o terraço nos fundos. O risoto de camarão com ervilhas, com crustáceos grandes e no ponto exato de cozimento, é um clássico.

Cantinho da Valéria Fernandes

Pastéis e compotas na roça

Botecos

Estrada Diógenes Pereira da Costa, 2.551 (acesso pela Rodovia Teresópolis-Friburgo, Km 12) – Vargem Grande
Teresópolis
Tels.: (21) 3643-6285/9221-1515
http://valeriafernandesdoces.blogspot.com
2ª f. a dom., das 10h às 23h

sim   A|D|M|V $$$ não   não   sim   não

É uma birosca rural, escondidinha em Vargem Grande, ao lado do Hotel Le Canton. Imperdível, é um desses segredos que merecem ser desvendados. A Valéria Fernandes é uma doceira de mão cheia que prepara mais de trezentas conservas diferentes, de doce de leite a geleia de laranja. E foi assim, vendendo suas compotas, que tudo começou, há cerca de vinte anos. Nos últimos tempos foram aparecendo novidades, apresentadas pela filha, Tatiana, que estudou Gastronomia. É ela quem inventa os criativos recheios dos pastéis, em uma lista com mais de cem deles. O de javali com alho é um arraso. Entre outros recheios curiosos e recomendáveis estão: rabada com requeijão; carne-seca com banana; pato, gruyère e shitake; avestruz com chutney de manga; cordeiro ao molho da casa; coelho com shitake e lombo de jacaré com geleia de maracujá. Da cozinha também saem pratos como pernil de javali (ou de cordeiro) assado, pato com aipim cozido, galinha caipira ao molho pardo e arroz de coelho.

Cantinho das Concertinas

Festança à portuguesa

Cozinha portuguesa

Rua Capitão Félix, 110, rua 16, loja 11 – Benfica
Rio de Janeiro (Cadeg)
Tel.: (21) 2580-4326
2ª f. a 6ª f., das 2h às 14h; **sáb.,** das 12h às 19h

🚗 sim 🍽 não 💲💲 👥 não 🗡 não 🕐 não ♿ sim

Aos sábados, por volta das 11h, a casa já está bastante cheia. Dependendo do dia, nem há mais lugar (nos períodos mais quentes, fica um pouco mais vazio). Isso porque, ao meio-dia, quando fecham os boxes do Cadeg, começa uma deliciosa festa portuguesa, uma bagunça para lá de divertida, com música típica e danças nem tanto. E dá-lhe concertina, aquela sanfona tradicional da terrinha. Nas mesas, além de muita cerveja, predominam as garrafas de vinho verde tinto de um litro. Para alimentar o povo, bolinhos de bacalhau e postas do peixe assadas na brasa, assim como as sardinhas. Ali ao lado são montadas umas barraquinhas muito bem-vindas que vendem doces portugueses e pães de fabricação caseira. Visitar o Cantinho das Concertinas aos sábados é uma experiência que todos os cariocas, ou aqueles que adoram e querem entender a cidade, deveriam fazer ao menos uma vez na vida.

Cantinho do Leblon

Cozinha tradicional, variados, carnes

Rua Dias Ferreira, 482, lojas C e D – Leblon – Rio de Janeiro
Tels.: (21) 2540-7563/2294-0946 | www.cantinhodoleblon.com.br
2ª f. a dom., das 11h à 1h

🚗 não 🍽 A|D|M|V 💲 ✂ sim 📶 sim Ⓦ não ♿ não

É dos raros lugares para se comer bem no Leblon sem ter de deixar todo o salário do mês. Com cardápio que segue a linha mais tradicional da cozinha carioca, é muito frequentado por famílias e "botequeiros", de maneira geral, e apresenta receitas como o filé à Oswaldo Aranha – que está entre os melhores do Rio. A excelência no preparo das carnes também fica evidente na picanha, macia e suculenta como poucas, com caldinho que escorre no prato, formando com a farofa uma adorável comunhão. O corte pode ser servido de várias maneiras: à Oswaldo Aranha, à francesa e até à mineira, com couve, tutu e arroz. Fique atento aos pratos do dia, outra listagem de receitas típicas dos restaurantes e botecos das antigas (o Cantinho tem mais de 30 anos): na segunda-feira tem costela de boi e língua; na terça, dobradinha; na quarta, feijoada e, na quinta, um cozido à portuguesa memorável. Para beber, um chope, dois chopes, três chopes, quatro chopes...

Canto das Canoas
Engarrafamento de embarcações

Pescados

Praia do Vitorino, 6 – Ilha da Gipoia – Angra dos Reis
Tel.: (24) 3365-5151
2ª f. a dom., das 11h30 às 17h

🚗 não   💳 A|D|M|V $$$$ 🛵 não   ✂ não   ⊙ não   ♿ não

O restaurante não tem manobrista. Nem seria preciso, pois só se chega a ele de barco. Localizado na Ilha da Gipoia, em Angra dos Reis, é frequentado, na maioria, por proprietários e passageiros de iates e veleiros. O cardápio, como não poderia ser diferente, é todo voltado aos pescados. Uma das especialidades é a feijoada de frutos do mar. Muita gente fica ali só pelos petiscos, em uma seleção variada que tem camarão ao bafo com ervas finas, peixe à doré, casquinha de siri, pastel de mariscos e bolinhos de bacalhau. Há receitas óbvias, como moquecas de vários tipos, mas também outras menos comuns, como o camarão com quiabo.

Capricciosa
A pizza carioca

Pizzas

Rua Vinicius de Moraes, 134 – Ipanema – Rio de Janeiro
Tel.: (21) 2523-1169 | www.capricciosa.com.br
2ª f. a dom., das 18h à 1h

🚗 sim   💳 A|D|M|V $$$ 🛵 sim   ✂ não   ⊙ não   ♿ sim

>>

Filiais

Avenida Olegário Maciel, 108 – Barra da Tijuca – Rio de Janeiro
Tels.: (21) 2494-2212/2494-0501
2ª f. a dom., das 18h à 1h

Rua Maria Angélica, 37 – Jardim Botânico – Rio de Janeiro
Tels.: (21) 2527-2656/2527-3283
2ª f. a dom., das 18h à 1h

Rua Domingos Ferreira, 187 – Copacabana – Rio de Janeiro
Tels.: (21) 2255-2598/2255-1626
2ª f. a dom., das 18h à 1h

Orla Brigitte Bardot, 500 – Praia da Armação – Búzios
Tels.: (22) 2623-2691/2623-2081
2ª f., 4ª f. e 5ª f., das 18h à 0h; **6ª f., sáb. e dom.,** das 18h às 2h

Foi a responsável por ensinar os cariocas a comerem pizza com dignidade, a partir do final dos anos 1990. Tudo começou em Ipanema e hoje a rede tem cinco lojas, uma delas em Búzios, de frente para o mar. Uma beleza. A massa fina e de borda crocante recebe coberturas nobres, com ingredientes bem selecionados. Contudo, antes dela, é imprescindível explorar a mesa de antepastos italianos, com queijos, carnes curadas, embutidos e uma série de conservas preparadas na casa, como a berinjela grelhada, os cogumelos salteados, a salada de feijão--branco com atum e cebola, os pimentões assados e o tomate seco. As coberturas podem ser divididas entre as clássicas, como marguerita e calabresa, e as criações da Capricciosa, como a buziana, que combina mozarela de búfala artesanal, camarões, tomate, abobrinha, rúcula e queijos parmesão e pecorino, e a genovese, com creme de alcachofra, hortelã, azeitona e parmesão.

>>

Recentemente, na carona do sucesso da pizzaria Bráz (ver p. 97), está começando a oferecer também uma versão de massa mais alta, no estilo napolitano.

Casa Cavé   Que tal um sonho de bacalhau?

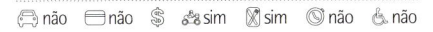

Doces, salgados, chás, variados, comidinhas

Rua Sete de Setembro, 137 – Centro – Rio de Janeiro
Tels.: (21) 2222-2358/2221-0533 | www.confeitariacave.com.br
2ª f. a 6ª f., das 8h30 às 19h30; **sáb.,** das 9h às 13h30

🚗 não 🛏 não $ 👥 sim ✖ sim 🚭 não ♿ não

Filial Rua Uruguaiana, 11 – Centro – Rio de Janeiro
Tels.: (21) 2222-2358/2221-0533
2ª f. a 6ª f., das 7h30 às 19h30; **sáb.,** das 8h às 13h30

Inaugurada em 1860, já esteve ameaçada de fechar. Contudo, nos últimos anos, aproveitando o crescente apreço do carioca pelas coisas antigas, resgatou a autoestima, voltando a ocupar lugar de destaque entre os endereços mais gostosos do Rio. Além da beleza dos ambientes, a tradicional casa de chá tem nos doces seu grande trunfo: são dezenas deles, de biscoitinhos a tortas, de pastéis de nata a macarons, de bolos a sonhos. Preste atenção às especialidades portuguesas: queijadinha de Évora, ovos moles de Aveiro, dom Rodrigo, toucinho do céu... Para um lanche rápido, os salgados também se mostram interessantes.

Casa da Feijoada
Feijão maravilha

Cozinha brasileira

Rua Prudente de Moraes, 10-B – Ipanema
Rio de Janeiro
Tel.: (21) 2247-2776 | www.cozinhatipica.com.br
2ª f. a dom., das 12h à 0h

🚗 sim 🍽 A | D | M | V 💲💲💲 🅿 sim 🚭 não 🕐 sim ♿ sim

Até existem outros pratos no cardápio, mas nove em cada dez clientes da Casa da Feijoada pedem a feijoada. Não é exatamente um prato, mas uma sequência que começa com linguicinha frita e caldinho de feijão – do início ao fim, as batidinhas de limão e maracujá são perfeitos acompanhamentos. Depois chegam as carnes, escolhidas em um universo que tem de tudo, inclusive rabinho, orelha e pé, hoje partes raras de se encontrar nos restaurantes da cidade que servem feijoada. Junto a elas, os acompanhamentos: torresmo, farofa, couve à mineira, arroz e laranja. As porções são servidas quantas vezes o cliente quiser. Para encerrar, doces caseiros: de banana, de leite e de abóbora com coco. Porque nem só o feijão é uma maravilha.

Casa da Suíça

Variados

Rua Cândido Mendes, 157 – Glória – Rio de Janeiro
Tels.: (21) 2252-5182/2252-2406 | www.casadasuica.com.br
2ª f. a 6ª f., das 12h às 15h e das 19h à 0h;
sáb., das 19h à 1h; **dom.,** das 12h às 16h e das 19h às 23h

🚗 sim   🖃 A|D|M|V   💲💲💲💲   ⚲ não   🗑 não   🕐 sim   ♿ não

No Dia dos Namorados e nas noites mais frias de inverno, fica lotado de casais que buscam romantismo em forma de fondues de carne e queijo, uma das especialidades. Entretanto, a Casa da Suíça é um endereço para ser frequentado durante todo o ano. Muitos executivos do Centro sabem bem disso e vão até lá almoçar, aproveitando a vista para um belo jardim que se descortina do salão. A cozinha do chef Volkmar Wendlinger pode ser classificada como internacional e tem receitas que mesclam influências da Suíça, Alemanha e Áustria, sua terra natal. O steak tartar preparado à mesa, quase sempre pelo próprio, é um espetáculo, cremoso e saboroso, e está entre os melhores do Brasil. Os pratos de carne são um sucesso.

Casa do Alemão

O melhor croquete

Sanduíches, salgados

Estrada Ayrton Senna, 927 – Quitandinha – Petrópolis
Tel.: (24) 2231-0931 | www.casadoalemao.com.br
2ª f. a 5ª f., das 6h45 às 21h20; **6ª f.,** das 6h45 às 23h30; **sáb.,** das 6h45 às 21h20;
dom., das 7h às 21h20

🚗 sim   💳 A|D|M|V   💲   🐾 não   ❌ sim   🚭 não   ♿ sim

Filiais
Rua 16 de Março, 138 – Centro – Petrópolis
Tel.: (24) 2242-4533
2ª f. a sáb., das 7h30 às 21h30

Rodovia Washington Luiz, Km 13 – Campos Elíseos (pista sentido Petrópolis) – Duque de Caxias
Tel.: (21) 2676-1292
dom. a 5ª f., das 7h às 22h; **6ª f. e sáb.,** das 7h às 22h30

Rodovia Washington Luiz, Km 13 – Campos Elíseos (pista sentido Rio) – Duque de Caxias
Tel.: (21) 2676-1499
2ª f. a 5 ª f., das 7h às 21h30; **6ª f., sáb. e dom.,** das 7h às 22h30

Estrada União e Indústria, 9.500, lojas 1, 2 e 3 – Itaipava – Petrópolis
Tels.: (24) 2222-7268/2222-4333
dom. a 5ª f., das 8h às 22h20; **6ª f. e sáb.,** das 8h às 23h

Rodovia Presidente Dutra, Km 6 – Jardim Meriti – São João de Meriti
Tels.: (21) 2751-1294/2651-1237
2ª f. a 5ª f., das 7h à 0h; **6ª f., sáb. e dom.,** das 7h à 1h

>>

Avenida Ataulfo de Paiva, 644, lojas A e B – Leblon – Rio de Janeiro
Tels.: (21) 2540-7900/2540-5992
2ª f. a dom., das 8h à 1h

Avenida das Américas, 1.699, loja C – Barra da Tijuca – Rio de Janeiro
Tels.: (21) 2497-2629/2499-4657
2ª f. a 6ª f., das 11h à 0h40; **sáb. e dom.,** das 10h30 à 0h40

Parada estratégica em viagens em direção à Região Serrana, faz os melhores croquetes de carne do Rio, com duas lojas na cidade: na Barra e no Leblon. Os sanduíches de linguiça de fabricação própria também são dignos de louvor. Há quem passe a vida comendo apenas esses dois clássicos da Casa do Alemão, mas vale muito a pena explorar mais o cardápio, escolhendo os sanduíches de salsichas e salsichões vermelhos e brancos, ou de lombo. O kassler feito por eles é ótimo e pode ser comprado para ser preparado em casa, assim como as linguiças e outros produtos da marca. Para os que têm mais fome, há um enxuto cardápio de refeições, com kassler, eisbein e embutidos servidos com salada de batata e chucrute. No fim, peça um pote com biscoitos amanteigados sortidos, e o passeio montanhês começa – ou termina – deliciosamente.

Casa do Filé   Um grande mignon

Carnes

Largo dos Leões, 111 – Humaitá – Rio de Janeiro
Tel.: (21) 2246-4901 | www.casadofile.com.br
2ª f., das 12h às 17h; **3ª f. a sáb.,** das 12h à 0h; **dom.,** das 12h às 18h30

🚗 sim 🍽 A|D|M|V $$ 👶 não 🅿 sim Ⓢ não ♿ não

>>

O nome já dá a pista da especialidade que colocou a Casa do Filé na lista de melhores restaurantes de carne do Rio. O mignon é ótimo. Macio, grelhado no ponto certo e com tempero adequado, chega à mesa com interior rosado e casquinha tostada. O filé é servido nas mais variadas companhias, preparadas com correção. O que leva o nome da casa tem molho madeira e amêndoas tostadas, com arroz e batata sauté. Outra versão vem com queijo de cabra e figos caramelados. Também é possível escolher clássicos como steak au poivre e à Oswaldo Aranha. O bom hambúrguer de picanha pode ser acompanhado de um saboroso chutney de maçã. Vale a pena pedir o couvert, com acento italiano, que traz polenta com gorgonzola e caponata.

Casa Villarino Berço da bossa

Mercearias, variados, happy hour

Avenida Calógeras, 6, loja B – Centro – Rio de Janeiro
Tels.: (21) 2240-1627/2240-9634 | www.villarino.com.br
2ª f. a 6ª f., das 12h às 22h

não   A|D|M|V $ sim   sim   sim   não

>>

Nas paredes, fotos em preto e branco eternizam Tom Jobim e Vinicius de Moraes, que teriam se conhecido ali. O que seria da bossa nova, então, sem a Casa Villarino? Localizada quase em frente à Academia Brasileira de Letras, foi reduto de escritores e intelectuais em meados do século passado. Misto de bar e restaurante com loja de produtos alimentícios e bebidas, o local fica lotado na hora do almoço, quando são servidos pratos com jeitinho caseiro. Entre as sugestões para a semana, temos: segunda-feira há bife à milanesa; terça, pernil e bacalhau à Gomes de Sá; e na quarta, carne assada. Tem também uma animada *happy hour*, ao sabor de presunto de Parma fatiado na hora e uísque, um dos tragos prediletos dos frequentadores.

Casas Pedro

Reino das especiarias

Delicatessens

Rua Senhor dos Passos, 110 – Centro – Rio de Janeiro
Tel.: (21) 3852-0866 | www.casaspedro.com.br
2ª f. a 6ª f., das 8h às 19h; **sáb. e dom.,** das 8h às 15h

 🚗 não 💳 A|D|M|V $ 🛵 sim 🅧 sim 🚭 não ♿ não

Filiais
Rua Senhor dos Passos, 240 – Centro – Rio de Janeiro
Tel.: (21) 2224-2515
2ª f. a 6ª f., das 8h às 19h; **sáb. e dom.,** das 8h às 15h

Rua Tomé de Souza, 113 – Centro – Rio de Janeiro
Tel.: (21) 2224-9819
2ª f. a 6ª f., das 8h às 19h; **sáb. e dom.,** das 8h às 16h

>>

C

Rua da Alfândega, 104 – Centro – Rio de Janeiro
Tel.: (21) 2252-6075
2ª f. a 6ª f., das 8h às 19h; **sáb.,** das 8h às 13h

Rua Buenos Aires, 346 – Centro – Rio de Janeiro
Tel.: (21) 3861-9040
2ª f. a 6ª f., das 8h às 19h; **sáb.,** das 8h às 15h

Rua Barata Ribeiro, 370, loja F – Copacabana – Rio de Janeiro
Tel.: (21) 2235-3836
2ª f. a 6ª f., das 8h às 19h; **sáb.,** das 8h às 18h

Avenida Nossa Senhora de Copacabana, 1.066 – Copacabana – Rio de Janeiro
Tel.: (21) 2287-0046
2ª f. a 6ª f., das 8h às 19h30; **sáb.,** das 8h às 18h

Rua Conde de Bonfim, 480 – Tijuca – Rio de Janeiro
Tel.: (21) 2278-2098
2ª f. a 6ª f., das 8h às 19h30; **sáb.,** das 8h às 17h

Quando precisamos comprar pinoles, cardamomo, açafrão ou curry de boa procedência, corremos para alguma das Casas Pedro. Esse templo das especiarias – mas não só delas – tem lojas no Centro, na Tijuca e em Copacabana. Só de feijão há mais de dez tipos diferentes: fradinho, mulatinho, roxinho etc. Para onde se olha, há sacos com frutas secas e temperos, potes com frutas cristalizadas, postas de bacalhau, latas de azeite, garrafas de água de flor de laranjeira... Uma alegria para os que gostam de mercados perfumados e coloridos.

Casual Retrô

A casa do "cheff"

Cozinha portuguesa, botecos

Rua do Rosário, 24 – Centro – Rio de Janeiro
Tel.: (21) 2233-6904 | www.casualretro.com.br
2ª f. a 6ª f., das 12h à 0h; **sáb.,** das 12h às 18h

não   A|D|M|V $$ não   sim   não   não

Em sociedade com o economista Carlos Lessa, o chef português Joaquim Santos, que gosta de ser chamado de "cheff" (com dois efes mesmo), domina parte do Centro Histórico do Rio. São quatro casas: o boteco Casual, o Bem Fatto, a Adega Timão (ver p. 42) e o Casual Retrô, que tem o cardápio mais consistente de todos. As sugestões do dia, geralmente três, oferecidas de segunda a sexta-feira, apresentam uma curiosidade: podem ser reunidas em um mesmo prato, o Gulosão. Assim, às quintas-feiras, é possível apreciar, junto com a rabada desfiada com arroz e agrião, as pataniscas de bacalhau e o peixe na brasa. O cardápio é variado, mas predominam as receitas de Portugal: açorda de coelho, polvinhos na cataplana e favas à Algarvia (com lombo, morcela e chouriço). Sob encomenda, são preparados o leitão à Bairrada e o cabrito inteiro. O encerramento não podia ser diferente: pastéis de nata, ovos moles e toucinho do céu.

Cavist

Loja (e *lounge*) de vinho

Variados, vinhos

Avenida Afrânio de Melo Franco, 290, 4º piso – Leblon
Rio de Janeiro (Shopping Leblon)
Tel.: (21) 3875-1566 | www.cavist.com.br
2ª f. a sáb., das 10h às 22h; **dom.,** das 12h às 21h

sim   A|D|M|V $$ não   sim   sim   sim

Filiais
Rua Érico Veríssimo, 901-A – Barra da Tijuca – Rio de Janeiro
Tel.: (21) 2493-6161
2ª f. a sáb., das 9h à 0h

Rua Barão da Torre, 358 – Ipanema – Rio de Janeiro
Tel.: (21) 2123-7900
2ª f. a sáb., das 9h à 0h; **dom.,** das 11h às 19h

Inaugurado em meados de 2011 na simpática casa que por anos abrigou a Expand de Ipanema, o lugar passou por reforma que abriu uma varanda e deixou o ambiente mais moderno e agradável. Continua funcionando como loja de vinhos e restaurante, mas agora tem um *lounge* no segundo andar, ambiente gostoso para bebericar umas tacinhas de champanhe – já que a Cavist tem parceria com a Veuve Clicquot – e beliscar. Quem vai fazer uma

>>

refeição pode escolher os vinhos nas prateleiras e levar para as mesas, a preço mais em conta que na maioria dos outros restaurantes cariocas. Os cardápios das três casas são bem variados, com muitos pratinhos ótimos para serem divididos, como os cogumelos salteados.

Cedro do Líbano
Delícias das arábias

Cozinha árabe

Rua Senhor dos Passos, 231 – Centro – Rio de Janeiro
Tels.: (21) 2224-0163/2221-9763
www.cedrodolibano.com.br
2ª f. a sáb., das 11h às 17h

🚗 não   🍽 A|D|M|V   💲💲   ♿ não   📱 sim   🚭 não   ♿ não

Verdadeiro monumento da cozinha árabe no Rio, inaugurado em 1948 no coração da Saara, tem paredes azulejadas decoradas com belas imagens do Líbano. Para forrar os pães árabes preparados na casa, há uma consistente lista de pastas, como coalhada seca, homus tahine e babaganuj. A kafta de carneiro é um espetinho precioso e bem temperado, que pode ser servido só, como entrada, ou acompanhado de arroz de lentilha, fazendo as vezes de prato principal. Bom mesmo é ir em grupo para percorrer livremente o cardápio, pedindo charutinhos de folha de uva, abobrinhas recheadas, tabule, picanha

>>

C

de carneiro... Para encerrar, doces árabes com massas delicadas e recheios variados, com pistache, nozes e flor de laranjeira.

Celeiro

Saladas, bufês, naturebas

Rua Dias Ferreira, 199 – Leblon – Rio de Janeiro
Tel.: (21) 2274-7843 | www.celeiroculinaria.com.br
2ª f. a 6ª f., das 10h às 18h; **sáb.,** das 10h às 18h30

🚗 não   💳 D|M|V $$$ 🍴 sim   🚭 não   🚬 não   ♿ não

Deu às saladas um novo *status*. Usando ingredientes bem selecionados e receitas criativas, a família Herz começou sua trajetória culinária nas areias da praia do Pepê, na Barra, no comecinho dos anos 1980. Quer algo mais carioca? Em 1982, abriu o restaurante no Leblon, que é natural, mas sem radicalismos. O bufê de saladas traz combinações inusitadas, como a de mamão e feijão-preto ou chuchu e pimentões assados ao molho de tangerina, com matéria-prima sempre muito fresca e molhos bem executados. Além dos frios, há um pequeno cardápio, com pratos leves e quiches. Tem picadinho carioca, lasanha de espinafre com limão e peixe ao molho de coco. Doces como a torta de pera com amêndoas e o arroz doce com cardamomo e água de flor de laranjeira são o desfecho perfeito.

Cervantes
Clássico das madrugadas

Botecos, sanduíches, variados, cozinha tradicional

Rua Barata Ribeiro, 7 – Copacabana – Rio de Janeiro
Tels.: (21) 2275-6147/2542-9287
www.restaurantecervantes.com.br
3ª f. a 5ª f., das 12h às 4h; **6ª f. e sáb.,** das 12h às 6h;
dom., das 12h às 4h

🚗 não 💳 D|M|V 💲💲 👥 não ❌ sim 🅿 não ♿ não

Filiais
Avenida Ayrton Senna, 3.000, 2º piso – Barra da Tijuca – Rio de Janeiro (Shopping Via Parque)
Tels.: (21) 2421-1068/2421-1207
2ª f. a dom., das 12h à 0h

Avenida das Américas, 5.777, loja 112 – Barra da Tijuca – Rio de Janeiro
Tel.: (21) 2438-1458
3ª f. a dom., das 12h às 3h

O pão de leite fofinho e as fatias de abacaxi suculentas e adocicadas são a base para alguns dos sanduíches mais famosos da cidade, cujos ingredientes principais podem ser bifinhos macios de filé-mignon ou fatias generosas de pernil ou presunto tender. Passar no Cervantes, em Copacabana, para a saideira acompanhada de um desses sanduíches é um programa clássico das madrugadas cariocas, e tem noites em que fica difícil se acomodar no balcão onde podemos namorar as peças que

>>

enfeitam as vitrines, fatiadas na hora. Nesses dias mais cheios, vale a pena buscar um lugar no salão, já que a casa, além de ser um boteco dos bons, é também um restaurante tradicional, com cardápio variado que apresenta um pouco de tudo, até miolos à milanesa, iguaria cada vez mais rara nas mesas do Rio.

Cervejaria Caborê

Loiras geladas na terra da aguardente

Cervejarias

Avenida Otávio Gama, 101, Beira Rio – Caborê - Paraty
Tels.: (24) 3371- 3071/3371-2248
www.cervejariacabore.com.br
4ª f. a 6ª f., das 17h à 0h; **sáb. e dom.,** das 12h à 0h

🚗 sim   💳 A|D|M|V $$ 🛵 não   🚫 não   🕐 não   ♿ não

Na terra das cachaças, a cerveja artesanal também tem vez. A Caborê, que tem uma corujinha como símbolo, funciona em uma pousada, bem perto do Centro Histórico de Paraty. Em versão clara ou escura, a bebida é leve e saborosa. Quem visita a fábrica pode pedir a versão chope, com espuma densa e cremosa, ótima companhia para petiscar no agradável bar, com vista para um jardim. E ainda é possível fazer a visita guiada, que apresenta todas as etapas do processo de produção.

Chez Michou   Creperia praiana

Crepes

Rua das Pedras, 90 – Centro – Búzios
Tel.: (22) 2623-2169 | www.chezmichou.com.br
2ª f. a dom., das 12h até o último cliente

🚗 não   🍴 não   💲   🅿️ não   ❌ não   🕐 não   ♿ não

Até existem filiais em shoppings e em Cabo Frio, mas o que vale mesmo é o CEP original dessa rede de creperias, nascida nos anos 1980, em Búzios. Entra e sai verão, a casa na Rua das Pedras nunca sai de moda, e vive cheia de gente jovem e animada. A receita do sucesso dos crepes de massa fina está nos acompanhamentos nem tão convencionais: trilha sonora roqueira e monitores que passam esportes radicais. Os recheios são vários, entre doces e salgados. Entre os pedidos clássicos estão o de frango com Catupiry, o de estrogonofe e o Popeye, com espinafre, molho branco e milho verde. Também há combinações mais criativas, como a affumicata, com mozarela de búfala com tomate seco, palmito e manjericão. Entre os doces, o de doce de leite com banana e o de chocolate com morango são campeões.

Chico e Alaíde   Pé-sujo limpinho

Botecos, pós-praia

Rua Dias Ferreira, 679 – Leblon – Rio de Janeiro
Tel.: (21) 2512-0028 | www.chicoealaide.com.br
2ª f. a 6ª f., das 11h à 0h; **sáb.,** das 11h à 1h; **dom.,** das 11h às 22h

🚗 não   🍴 A|D|M|V   💲   🅿️ sim   ❌ sim   🕐 não   ♿ sim

>>

C

O garçom Chico e a cozinheira Alaíde eram os dois personagens mais famosos do Bracarense (ver p. 92). Acabaram se juntando para abrir um bar, não muito longe dali, ainda no Leblon, para conservar a clientela. O boteco já estreou com fregueses fiéis, que vão atrás dos bolinhos de aipim com camarão e Catupiry que deram fama a Alaíde. Agora, com mais liberdade de criação, ela está sempre inserindo novidades no cardápio. Chico, por sua vez, comanda o balcão e a chopeira, que jorra compulsivamente, aplacando a sede da turma. Apesar de arrumadinho, o lugar carrega o espírito botequeiro. Muitos frequentadores nem querem mesa e bebem chope de pé. Assim, melhor comer especialidades como os bolinhos, as empadas e outros salgadinhos, como os rissoles de camarão. Um caldinho de feijão espesso, para beber na caneca, quem sabe... Para os que se sentam, o cardápio traz porções fartas, como o pernil suculento, a fritada de bacalhau e a carne de sol com aipim.

Cipriani Clássico renovado

Cozinha italiana, para grandes ocasiões

Avenida Atlântica, 1.702 – Copacabana – Rio de Janeiro (Hotel Copacabana Palace)
Tel.: (21) 2545-8747 | www.copacabanapalace.com.br
2ª f. a sáb., das 12h30 às 15h e das 19h à 0h

🚗 sim 🍽 A|D|M|V 💲💲💲💲 🐕 não 🚭 não 🕐 sim ♿ sim

O Cipriani fechou rapidamente as portas em 2011 para pequenas obras que rejuvenesceram o restaurante depois de quase 20 anos em funcionamento. Além das luminárias inspiradas na China e dos lustres e espelhos de Murano, foram atualizados também o uniforme dos garçons e a louça. O resto não muda muito: continua sendo um dos lugares mais chiques da cidade, com vista para a piscina do

>>

Copacabana Palace e uma cozinha italianíssima, a cargo do chef Nicola Finamore, que tem a supervisão de Francesco Carli. Alguns clássicos da casa, como o carpaccio, o talharim gratinado com presunto e o tiramisù, permanecem. O novo menu está convidativo, com receitas como o atum morno com berinjela e alcaparras, a polenta branca com camarões ao limão-siciliano e coentro, o nhoque de baroa com ragu de coelho e o pargo em crosta de batatas com purê de favas.

Clipper (Casa Clipper)
Para ir de sunga ou biquíni

Botecos, chopes, pós-praia

Rua Carlos Góis, 263, loja A – Leblon – Rio de Janeiro
Tel.: (21) 2259-0148
2ª f. a dom., das 8h à 1h

🚗 não 💳 A|D|M|V $ 👥 sim 🍴 sim 🚭 não ♿ não

Filial Rua Cambaúba, 725, loja A – Ilha do Governador – Rio de Janeiro
Tel.: (21) 3281-4575
2ª f., das 18h à 0h; **3ª f. a dom.,** das 11h à 0h

O nome oficial é Casa Clipper; um boteco para iniciados nas manhãs do Rio de Janeiro, quase exclusivamente frequentado por moradores do Leblon que batem ponto ali antes e, principalmente, depois da praia. Gente esperta, que vai "botecar"

>>

de chinelos e sem camisa. O chope é sempre bem gelado e uma lista de petiscos vai de caldinho de feijão a pernil assado e bolinho de bacalhau, contando ainda com alguns itens fora de série, nem sempre preparados, como o joelho de porco, que, às vezes, aparece aos sábados. O almoço executivo, de segunda a sexta-feira, é do tipo muito bom e barato. Reduto de torcidas de futebol, especialmente do Flamengo, é um dos principais pontos de comemoração de títulos, e também onde todos se encontram depois dos jogos da Copa do Mundo.

Confeitaria Colombo   Um doce cartão-postal

Cozinha tradicional, variados, doces, salgados, bufês, comidinhas

Rua Gonçalves Dias, 32 – Centro – Rio de Janeiro
Tel.: (21) 2505-1500 | www.confeitariacolombo.com.br
2ª f. a 6ª f., das 9h às 20h; **sáb.,** das 9h às 17h

🚗 não   💳 A|D|M|V $$$ 🏍 não   🐾 sim   🅿 não   ♿ sim

Filial Praça Coronel Eugênio Franco, 1, Posto 6 – Copacabana – Rio de Janeiro
Tel.: (21) 3201-4049
3ª f. a dom., das 10h às 20h

O movimento de gringos à porta munidos de câmera fotográfica denuncia: mais que uma confeitaria, a Colombo é um cartão-postal, um símbolo do Rio. Inaugurada em

>>

1894, trouxe para a cidade o mais fino material de construção da Europa. Muita gente para no balcão para apreciar rapidamente um salgadinho, como a língua à milanesa ou o camarão empanado, mas, dessa maneira, quase não é possível admirar o salão. Melhor se acomodar calmamente no Bar Jardim, no primeiro andar, escolhendo uma das mesas com tampo de mármore branco e cadeiras de madeira escura com encosto de palha. O que pedir? Isso pouco importa. Os casadinhos recheados com baba de moça, os petit fours feitos com farinha de castanha-de-caju, os pastéis de nata, as tortinhas de nozes... No andar de cima funciona um restaurante no sistema de bufê, comandado pelo chef Renato Freire, da velha guarda da gastronomia carioca. Tem filial no Forte de Copacabana, com algumas das mesas mais disputadas da cidade, e a demora na fila é de mais de uma hora. Mesmo assim vale a pena esperar para ter um dos cafés da manhã cariocas mais agradáveis.

Cosmopolita   O armazém do omelete

Cozinha tradicional, variados

Travessa do Mosqueira, 4 – Lapa – Rio de Janeiro
Tel.: (21) 2224-7820
2ª f. a 5ª f., das 11h30 à 0h; **6ª f. e sáb.,** das 11h às 5h
🚗 não   💳 A|D|M|V $$ 🏍 sim   ✂ sim   ⏱ sim   ⚲ não

>>

C

Berço do filé à Oswaldo Aranha, continua sendo o melhor lugar da cidade para se apreciar a receita criada, em 1933, pelo diplomata que lhe emprestou o nome. Trata-se de um filé alto, grelhado à perfeição em frigideira de ferro, que chega à mesa ainda "gritando", com interior rosado e casquinha crocante, uniforme. Para acompanhar, muito alho fatiado e frito, farofa, arroz e batatas portuguesas. O garçom, ao servir, faz uma sugestão pecaminosa: misturar a farofa e o alho ao caldo que resta na frigideira. Veja se o cardiologista não está por perto e acate. Também vale a pena explorar as especialidades da Península Ibérica, como as receitas com bacalhau, cabrito e polvo, além da boa e velha picanha. Os pratos são fartos e servem bem até duas pessoas.

Cremerie Genève
Queijaria à francesa

Queijos, cozinha francesa, produtores rurais

Estrada Teresópolis-Friburgo, Km 16 – Venda Nova
Teresópolis
Tel.: (21) 3643-6394 | www.fazendageneve.com.br
6ª f. e sáb., das 12h às 22h; **dom.,** das 12h às 17h

Pergunte ao chef Roland Villard, do Le Pré Catelan (ver p. 182), o que ele acha dos queijos da Cremerie Genève, em Teresópolis. "Simplesmente são os melhores do Brasil, no nível dos franceses", ele costuma dizer. No local, são produzidas diversas outras variedades. O lugar é lindo e tem múltiplas funções. As crianças adoram visitar a linha de produção e depois brincar no parquinho. Os adultos podem apenas dar uma passadinha na loja, para abastecer a geladeira com Charolais, crottin, chevrotin, brique, pyramid, Sainte Maure... ou, então, ir direto para o restaurante, com salão aconchegante e varanda com vista para as montanhas, para apreciar o cardápio que tem no peito de pato com molho de cassis e batata rösti a especialidade.

Crescente Gastronomia
Casa de família

Variados

Rua General Osório, 21 – Centro – Nova Friburgo
Tel.: (22) 2523-4616 | www.crescenterestaurante.com.br
2ª f., das 11h30 às 23h30; **5ª f. a sáb.,** das 11h30 às 23h30;
dom., das 11h30 às 17h

não   D|M|V $$$ não   não   sim   sim

O melhor restaurante de Nova Friburgo funciona em uma casa agradável, perto da Praça do Suspiro, no Centro da cidade. Vários produtos feitos lá mesmo são vendidos aos clientes, como as massas, geleias e até dois vinhos, um tinto e um branco, produzidos pelo filho dos donos, Ruan Rodrigues, que é enólogo.

>>

C

A adega é bonita e bem montada, assim como a cozinha. Do jardim saem alguns ingredientes usados nas receitas, como temperos e verduras, além das castanhas portuguesas que dão origem a um ótimo marrom-glacê. A cozinha é variada, com preparo seguro e competente de receitas como o peito de pato com pistache e batatas, a perdiz ao Porto com maçã verde, o cordeiro com cogumelos e creme de batata-baroa e o coelho ao vinho tinto.

CT Boucherie

Açougue chique

Carnes

Rua Dias Ferreira, 636 – Leblon – Rio de Janeiro
Tels.: (21) 2529-2329/2512-6304 | www.ctboucherie.com.br
2ª f. a 6ª f., das 12h às 16h e das 19h à 1h; **sáb. e dom.,** das 12h à 1h

🚗 sim | 💳 A|D|M|V | 💲💲💲💲 | 🎷 não | 🚬 não | Ⓢ não | ♿ não

No açougue da família Troisgros são servidos cortes franceses, argentinos, brasileiros, italianos e japoneses, como o Chateaubriand, o bife de chorizo, a picanha, a bisteca florentina e o wagyu, além de costeletas de cordeiro e peito de pato. Há também uma boa seleção de entradinhas, entre as quais o curioso carpaccio de melancia e o aipim crisp com brie e geleia de pimenta. Inaugurada no fim de 2010 no Leblon, a CT Boucherie logo entrou para a lista de melhores casas de carnes da cidade, entre outras razões, pela qualidade da matéria-prima, selecionada com a ajuda de Sylvio Lazzarini, dono do Varanda Grill, em São Paulo, uma das maiores autoridades em carne no Brasil. Estas são escolhidas à la carte, e chegam à mesa com farofinha de panko e batatinhas fritas finas e crocantes, além de um molho que pode ser chimichurri ou béarnaise, entre

>>

outros. Uma das bossas do mais novo restaurante de Claude Troisgros é o rodízio de acompanhamentos que desfila pelo salão com delícias variadas, como um purê de batata-baroa perfeito, um saboroso e surpreendente risoto de quinoa com cogumelos, tomates recheados, vagens salteadas no alho, couve-flor gratinada; é uma seleção grande que muda com alguma regularidade. Para encerrar, as deliciosas sobremesas, com crème brûlée de maracujá, petit gâteau de doce de leite com sorvete de tapioca e crepe suflê de frutas vermelhas. Para tudo ficar ainda melhor, o ambiente é agradável, com varandinha e um salão pequeno e charmoso, com paredes de azulejo, desenhos de vários cortes de carne e uma foto imensa, em preto e branco, de açougueiros. É simpático o lugar.

CT Brasserie
Troisgros informal

Cozinha francesa

Estrada da Gávea, 899, 3º piso – São Conrado – Rio de Janeiro (Fashion Mall)
Tel.: (21) 3322-1440 | www.ctbrasserie.com.br
2ª f. a dom., das 12h até o último cliente

🚗 sim   🍽 A|D|M|V $$$$ 👥 não   🚭 não   🕐 sim   ♿ sim

Renovou a área de restaurantes do Fashion Mall, apostando em receitas com toques francês e italiano em ambiente agradável e descontraído, com cozinha aberta. O chef Claude Troisgros criou um cardápio interessante e elaborou uma ótima seleção de entradas, entre elas o adorável tartare de atum com pepino crocante, o caviar de tapioca e vinagrete e uma cremosa brandade de bacalhau, além de ostras frescas, carpaccio tradicional e escargots à provençal. A lista de massas e risotos tem receitas interessantes, como o penne com paleta de

>>

cordeiro, cogumelos e farofa de panko e o espaguete à carbonara, preparado com palmito da pupunha e carne-seca crocante. Na seção de grelhados, brilha o magret de pato com pêssego, pinoles e pimenta-verde, e o frango caipira assado. Também fazem sucesso as "carioca pizzas", com massa fina, crocante e retangular (entre as coberturas, carpaccio com alcaparras e bacalhau com azeitonas e cebolas confitadas).

D'Amici
Italiano impecável

Cozinha italiana

Rua Antônio Vieira, 18 – Leme – Rio de Janeiro
Tels.: (21) 2541-4477/2543-1303
www.damiciristorante.com.br
2ª f. a dom., das 12h à 1h

🚗 sim   💳 A|D|M|V   💲💲💲💲   ᗑ sim   ⊠ não   Ⓢ não   ♿ não

A saída de Valmir Pereira, maître lendário da cidade, não foi sentida no restaurante "dos amigos", inaugurado em 1999, escondidinho ali na Rua Antônio Vieira, no Leme. Isso porque Antonio Salustiano, o chef, continua comandando a cozinha como poucos, montando um cardápio italiano clássico. Jamais ignore o cestão de pães do couvert e, para enriquecer, peça um prato

>>

de queijos e frios, com grana padano, mortadela com pistache e presunto de Parma. Que tal, para começar, rins de vitela com polenta? Ou paleta de cordeiro assada com risoto de rúcula? Ou ravióli de foie gras com grãos de mostarda? A lista de pratos principais é robusta, sempre enriquecida com sugestões do dia. Os peixes são fresquíssimos, e as massas feitas na casa, cozidas al dente, chegam na companhia de molhos perfeitos. O cardápio é variado, e o cliente tem a doce prerrogativa de mudar acompanhamentos, pedir porções menores. Enfim, o restaurante é dos amigos, mas também é seu. Não é só a cozinha que brilha: a carta de vinhos também está entre as melhores do Rio.

Da Brambini
Uma autêntica cantina

Cozinha italiana

Avenida Atlântica, 514, loja B – Leme – Rio de Janeiro
Tels.: (21) 2275-4346/2542-8357 | www.dabrambini.com.br
2ª f. a dom., das 12h até o último cliente

🚗 sim   💳 A|D|M|V $$$$ 👥 sim   🚭 não   🕐 sim   ♿ sim

Em um espacinho miúdo e aconchegante da Avenida Atlântica, no Leme, o milanês Umberto Vegetti mantém um dos melhores e mais autênticos restaurantes italianos do Rio. Batendo ponto na casa dia sim, outro também, ele se divide entre a cozinha e o salão, tomando conta de tudo. E tudo é muita coisa, a começar pelo couvert precioso, que traz pães quentinhos, pastinhas e conservinhas, como deve ser em uma casa lombarda. É uma delícia ficar ali, apreciando a seleção de entradas: carpaccio, polenta com gorgonzola, salada caprese. Você até pode saltar diretamente para o prato principal, mas é um

>>

D

pecado ignorar a lista de *primi piatti*, com massas e risotos de preparo preciso e ótimos ingredientes, como o nhoque *alla sorrentina* e o espaguete com vôngoles. Os pratos com peixes e frutos do mar são a especialidade, mas preste atenção no ossobuco (*alla milanese*, é claro) e ao cordeiro. *Per favore.*

Da Casa da Táta

De volta para o meu aconchego

Variados, doces, café da manhã, comidinhas

Rua Professor Manuel Ferreira, 89 – Gávea
Rio de Janeiro
Tel.: (21) 2511-0947 | www.dacasadatata.com.br
2ª f. a 6ª f., das 8h às 20h; **sáb.,** das 8h às 18h30;
dom., das 9h às 14h

🚗 não   💳 A|D|M|V   💲💲   🛵 sim   ❌ sim   Ⓢ não   ♿ não

Um dos lugares mais incríveis do Rio para um café da manhã cheio de preguiça, com café passado na hora, pães quentinhos, bolos perfumados, além de frutas, geleia, manteiga. É perfeito para começar um dia frio de maneira aconchegante. Nos fins de semana, a casa fica lotada, com fila e longa espera. O cardápio é sensacional. Só há um prato do dia e, no inverno, à noite (só até às 20h, porque fecha cedo), são servidas sopinhas fumegantes. Tem canja, sopa de baroa, caldo de feijão. Entre as sugestões do menu aparecem receitas como bacalhau espiritual, carne assada e picadinho. Aos sábados quase sempre tem o

\>\>

"feijão da Táta", enriquecido com paio e carne-seca, acompanhado de abóbora, couve, farofa, arroz e saladinha – uma feijoada praticamente light, e deliciosa, como tudo costuma ser ali.

Doiz Modernidade acolhedora

Cozinha contemporânea, tapas, drinques, modernos

Rua Capitão Salomão, 55 – Humaitá – Rio de Janeiro
Tel.: (21) 2179-6620 | http://doiz.com.br
2ª f. a 4ª f., das 19h à 1h; **5ª f. a sáb.,** das 19h às 3h

 sim A|D|M|V $$ não não não não

Segunda empreitada do chef Fabio Battistella, do Meza (ver p. 196), o Doiz segue proposta semelhante em termos de geografia, ambiente, comida e bebida. Tem decoração moderna, agora inspirada na Bauhaus, e um cardápio de pequenas porções, para serem divididas à mesa, preparadas com boa técnica e alguma criatividade. Entre as opções, receitas bem interessantes como o sunomono de picanha de sol com azeite defumado e farofa de pé de moleque, as bruschettas de polenta recheadas de frango com quiabo e calabresa na cachaça, o escabeche de cogumelos com bacon e torrada de focaccia e o won ton de rabada com molho de agrião. A aposta principal do bar é nos drinques, mas quem quiser também poder escolher um vinho ou um chopinho.

Dona Irene

Cozinha russa

Rua Tenente Luiz Meireles, 1.800 – Bom Retiro
Teresópolis
Tel.: (21) 2742-2901 | www.donairene.com.br
4ª f. a sáb., das 13h à 0h; **dom.**, das 13h às 18h

🚗 sim   🍴 não $$$$ 🏍 não   Ⓧ não   🕐 sim   ♿ sim

Ligue para reservar e escolha o prato principal: frango à Kiev, estrogonofe, os dois clássicos, ou ainda o pojarski (uma almôndega de frango com gorgonzola), o varênique (sensacionais pasteizinhos cozidos com recheio de batata) e o caquille (uma espécie de suflê de peixe). Quando chegar ao restaurante, em uma casa espaçosa de Teresópolis, logo peça a vodca, feita no local, segredo de família. Ela é a mais perfeita companhia para a primeira etapa desse banquete digno de czares. São os chamados zakuskis. Tem canapé de ovo com caviar, arenque, salmão, salada russa, patê de fígado. Depois vêm as entradas quentes: a seleção varia um pouco, mas sempre tem as asinhas de frango crocantes e os adoráveis bolinhos de carne, de massa leve, que devem ser mergulhados no borsch, uma sopa de beterraba deliciosa. Só então chega o prato principal. Encerre com a torta de nozes com chocolate, gelada, que é um espetáculo.

Duo

Cozinha italiana

Avenida Érico Veríssimo, 690 – Barra da Tijuca
Rio de Janeiro
Tels.: (21) 2484-4547/2493-1595
www.duorestaurante.com.br
2ª f. a 6ª f., das 12h às 16h e das 19h até o último
cliente; **sáb.,** das 12h até o último cliente;
dom., das 12h à 0h

🚗 sim   💳 A|D|M|V $$$$ ♿ não   ❌ não   🕐 sim   ♿ sim

O italiano Nicola Giorgio se associou ao sommelier Dionísio Chaves para abrir o Duo, uma das melhores novidades recentes na cena gastronômica carioca. O ambiente é bonito, claro e bem iluminado, com mesas de madeira e bancos de couro, e uma bela adega que chama a atenção. Os dois sócios tinham passagem pelo grupo Fasano e criaram uma casa à altura. Serviço competente e comida de excelência. O couvert tem ótimos pães e uma linguiça em molho de tomate que vale o repeteco (e os pratinhos são repostos sempre). O cardápio segue a linha clássica italiana, com antipasti, primi piatti e secondi piatti, além de pizzas, servidas à noite. Para começar, carpaccio de filé com lâminas de cogumelos e grana padano, ravióli de foie gras com pesto de amêndoas ao perfume de trufas ou tartare de atum com broto de rúcula e pimenta rosa. A lista de primeiros pratos traz massas, como o ravióli negro com bacalhau e ciboulette. Entre os principais, o destaque vai para o stinco de vitela com polenta de pecorino e sálvia. Divino.

Eça

Variados, cozinha contemporânea, chocolates

Avenida Rio Branco, 128 – Centro – Rio de Janeiro
Tel.: (21) 2524-2401 | www.hstern.com.br/eca
2ª f. a 6ª f., das 12h às 16h

🚗 não   💳 A|D|M|V   💲💲💲💲   👶 não   🚭 não   🕐 sim   ♿ sim

Há restaurantes que se destacam pelo chef. Outros, pelo sommelier. Existem ainda os que alcançam a fama por conta do maître. No Eça, que funciona no subsolo da H. Stern da Avenida Rio Branco e completou 10 anos em 2011, a fórmula de sucesso pode ser creditada a três profissionais que trabalham em sintonia para fazer um dos melhores endereços da cidade para comer, beber e falar de negócios. O belga Frédéric de Maeyer cuida da cozinha, enquanto Deise Novakoski é responsável pela bebida e Nina Ramos faz o papel de maître. Tudo funciona perfeitamente, e uma refeição ali é sempre garantia de satisfação. O chef usa a criatividade com técnica apurada e é craque no preparo de receitas delicadas, que mudam com alguma frequência, e, vez ou outra, há menus temáticos. Como bom belga, Frédéric sabe tudo de chocolate. As sobremesas dele são ótimas, e os bombons...

Eh-Lahô

Pescados

Ilha do Catimbau – Paraty (a 45 minutos de barco do cais)

Tels.: (24) 3371-1847/9275-1782

2ª f. a dom., das 12h às 17h

 não — A|D|M|V $$$$ não não sim não

Não é fácil chegar lá, como também não são fáceis muitas das boas coisas da vida... O Eh-Lahô está em uma ilha, no meio da Baía de Paraty. Mas, ao contrário do restaurante Kontiki, não tem transporte próprio. Então, ou vamos em nossos barcos ou alugamos uma traineira no cais, o que pode ser tremendamente divertido. Ali, a boa é passar o dia petiscando peixes e frutos do mar entre um mergulho e outro e um gole na cerveja ou nas caipirinhas. Os mariscos a vinagrete são um ótimo ponto de partida. E que tal camarões grelhados com arroz de açafrão? O lugar é lindo, e vale a pena ficar o dia todo por lá, especialmente fora da alta estação, quando temos praticamente, só para nós, uma praia e um restaurante particulares. Na verdade, o Eh-Lahô não é exatamente um restaurante, mas um programa de um dia inteiro em Paraty. Dos mais gostosos e imperdíveis.

Empanaderia Real

Argentina buziana

Botecos

Rua Manoel Turíbio de Farias, 100 – Centro – Búzios
Tel.: (22) 2623-4608
3ª f. a dom., das 9h30 até o último cliente

🚗 não   💳 A|D|M|V   💲   🎵 sim   📷 não   🚭 não   ♿ não

A alta densidade populacional de argentinos em Búzios deu origem a esse botequinho simpático, localizado estrategicamente no Centro do balneário, em uma rua paralela à Rua das Pedras. Ali ficamos sabendo que não é preciso ir a Buenos Aires para saborear ótimas empanadas, que ficam expostas em uma vitrine: são mais de vinte sabores diferentes. As mesinhas espalhadas na calçada são ideais para ver o movimento. É um lugar para todas as horas. A empanada de carne picante é a melhor pedida e escolta perfeitamente uma cerveja gelada. Também há combinações que certamente não existem na Argentina, como carne-seca e camarão com Catupiry.

Enchendo Linguiça — Delícias embutidas

Botecos

Avenida Engenheiro Richard, 2 – Grajaú – Rio de Janeiro
Tel.: (21) 2576-5727 | www.enchendolinguica.com.br
2ª f. a dom., das 10h até o último cliente

🚗 não 💳 A|D|M|V 💲 🐾 não ❌ não 🕐 não ♿ não

O nome, muito bom, já dá a dica sobre a especialidade da casa, os embutidos. O Enchendo Linguiça é um dos melhores representantes da boa safra recente de botecos cariocas, limpinhos e arrumadinhos, com fórmulas originais. Nesse caso, a filosofia é apresentar um cardápio recheado de clássicos de botequim. Além das linguiças realmente fantásticas, o joelho de porco assado na "televisão de cachorro" é hoje uma das maiores joias da culinária carioca, absolutamente imperdível. Para poder apreciar a variedade de embutidos, peça o *pot-pourri* de linguiças, com três diferentes. O chope é de primeira qualidade e quem quiser investigar mais o cardápio vai encontrar gratas surpresas, como caldo de mocotó, pernil assado, costelinha suína e duas exclusividades da casa: o croquete de joelho de porco e o caldo Enchendo Linguiça (caldinho de feijão com purê de aipim e calabresa).

Cozinha espanhola, modernos

Avenida Prefeito Mendes de Moraes, 222
São Conrado – Rio de Janeiro
Tel.: (21) 3322-6561 | www.enerestaurante.com.br
3ª f. a 5ª f., das 19h à 0h; **6ª f. e sáb.,** das 13h às
15h e das 20h à 1h; **dom.,** das 13h às 23h

sim   A|D|M|V $$$$ não   não   sim   sim

A filial carioca do restaurante dos irmãos espanhóis Javier e Sergio Torres fica em um lugar lindo, de frente para a praia de São Conrado. No bonito salão, as mesas são espaçadas, e a cozinha, aparente, com um balcão que pode ser reservado pelos clientes. La Tabla del Chef é o melhor lugar que pode haver para degustar o menu contemporâneo, que faz incansáveis releituras de receitas clássicas da Espanha, com ótimas matérias-primas. O jamón é fantástico. Pratos podem entrar e sair do cardápio, e sempre são realizados festivais especiais, com presunto serrano, trufas e outros ingredientes nobres que chegam direto da Europa. O leitão assado longamente, e com casquinha crocante, servido com maçã caramelada, vale cada caloria absorvida pelo corpo. O ideal é pedir o menu degustação, deixar a escolha dos vinhos nas mãos do sommelier, que fará uma seleção de rótulos espanhóis buscando fugir da obviedades, e ser feliz.

Entretapas

Tapas

Rua Conde de Irajá, 115 – Humaitá – Rio de Janeiro
Tels.: (21) 2537-0673/2286-6618 | www.entretapas.com.br
2ª f. a 5ª f., das 19h à 0h; **6ª f.,** das 19h à 1h;
sáb. e dom., das 13h à 1h

🚗 sim   💳 A|M|V $$ ᯤ não   🚭 não   © sim   ♿ não

O Entretapas já chegou com tudo, posicionando-se como o melhor e mais autêntico bar de tapas da cidade. O cardápio segue a linha mais clássica da Espanha. Para começar, um Jerez com queijo manchego e jamón. Há sangria tinta e branca, além de uma carta de vinhos que prioriza os espanhóis e argentinos. O lugar é uma graça, em uma casinha antiga do Humaitá, com mesas em dois ambientes e um bar com cadeiras altas e vista para a adega e a saída dos pratos da cozinha. Os ingredientes são de primeira. A chistorra, por exemplo, feita em São Paulo, não fica nada a dever às espanholas. As croquetas de jamón, com casquinha sequinha e interior cremoso, são imperdíveis. Há desde receitas bem conhecidas, como gazpacho, tortilla, brandade de bacalhau, polvo à galega, gambas al ajillo e cochinillo segoviano, até outras menos famosas fora da Espanha, como o ajo blanco (deliciosa sopinha fria à base de pão, amêndoas, vinagre de Jerez e uvas brancas). Nos fins de semana, serve paellas ótimas.

E

Envídia

Chocolates, doces, chás

Rua Dias Ferreira, 106, loja A – Leblon – Rio de Janeiro
Tel.: (21) 2512-1313 | www.envidia.com.br
3ª f. a dom., das 11h40 às 20h

🚗 não   💳 D|M|V   💲   🛵 sim   🚭 não   🚬 não   ♿ não

Chocólatras, cuidado ao passar na Rua Dias Ferreira. No número 106, uma tentadora vitrine exibe pequenas joias de cacau. Na Envídia encontramos alguns dos melhores bombons, trufas e afins da cidade. Mais que isso, é um lugar para comprar doces e chocolates a serem apreciados ali mesmo, no pequeno salão decorado em tons de lilás e branco, que é mesmo um charme. Melhor ainda: é possível tomar café da manhã e um longo chá da tarde, programa que faz todo o sentido especialmente nas tardes ensolaradas e frescas do inverno carioca. Peça um amor perfeito – bebida feita com café, chocolate e amêndoas – que sai quentinho e que aquece o corpo e o espírito. Há quiches, sanduichinhos, torradas Petrópolis. Há também cookies, ganache de chocolate, tortinhas. Não confunda: a endívia é amarga, mas a Envídia é doce, doce. Como a vida deve ser.

Escola do Pão

Café da manhã, padarias, variados

Rua General Garzon, 10 – Lagoa – Rio de Janeiro
Tels.: (21) 2294-0027/3205-7275 | www.escoladopao.com.br
3ª f. a sáb., das 17h à 0h; **dom,** das 9h às 13h (apenas café da manhã)

🚗 sim   💳 A|D|M|V   💲💲💲💲   🛵 não   🚭 não   🚬 sim   ♿ não

Tudo começou, de fato, como uma escola de panificação que ainda existe. Mas a simpática casinha no Jardim Botânico acabou se transformando em um dos restaurantes mais gostosos do Rio e, sem dúvida, o melhor lugar para se tomar um bom desjejum nos fins de semana. Aos sábados e domingos pela manhã, a casa fica lotada, e Clécia Casagrande, padeira de mão cheia, controla o serviço no salão com graça e simpatia. E vão chegando as maravilhas: vitamina gelada de frutas, queijinhos fundidos, sanduichinhos de brie, curau, ovos mexidos e os pães, os bolinhos... Uma delicadeza, uma delícia. Elen, filha de Clécia, é outra simpatia. Ela estudou Gastronomia e cuida do bistrô, que só abre no finalzinho da tarde. O cardápio tem uma pegada francesa, e há sempre novidades, com temperos e ingredientes que a chef traz de suas viagens.

Escondidinho   Bom, bonito, barato e camuflado

Variados, cozinha brasileira, bons e baratos

Beco dos Barbeiros, 12, lojas A e B – Centro
Rio de Janeiro
Tel.: (21) 2242-2234
2ª f. a 6ª f., das 11h às 16h

🚗 não   💳 A|D|M|V $$$ ✂ não   ✖ sim   🕐 não   ♿ não

>>

Onde mais comer uma cabeça de cherne? Só mesmo no Escondidinho, que não tem esse nome à toa: fica, de fato, camuflado entre as lojas do Beco dos Barbeiros, no Centro do Rio, atrás de uma portinha de alumínio que esconde um pequeno salão, sempre lotado. A comida é boa, muito boa, e relativamente barata, mas a cabeça de cherne, iguaria rara, custa R$ 155 (dá para três). A costela de boi com farofa de ovos chega à mesa gigantesca, lambuzada em molho escuro e denso, com um irresistível perfume. O cardápio do dia é imperdível. Tem capa de filé, às segundas-feiras; rabada, às terças; cozido, às quartas; frango com quiabo, às quintas; e um concorrido lombo de porco cozido no feijão-manteiga, às sextas.

Esplanada Grill
Os prazeres da carne

Carnes, cozinha tradicional

Rua Barão da Torre, 600 – Ipanema – Rio de Janeiro
Tels.: (21) 2239-6028/2512-2970
www.esplanadagrill.com.br
2ª f. a 5ª f., das 12h às 16h e das 19h até o último cliente; **6ª f., sáb. e dom.,** das 12h até o último cliente

🚗 sim   💳 A|D|M|V $$$$ 🅿 sim   🚭 não   🕐 sim   ♿ não

Inaugurado em 1988, é um clássico da gastronomia carioca, frequentado por artistas, empresários e amantes da gastronomia, como Boni (José Bonifácio de Oliveira Sobrinho, ex-diretor da Rede Globo, gourmet e enófilo). É um dos poucos

>>

restaurantes da cidade onde ainda é possível encontrar um beef tea, um caldo revigorante que seguramente é uma maravilha contra a ressaca. Antes de partir para o ataque às carnes, vale a pena explorar o couvert, que tem ótimos pães de queijo e dá uma boa palinha do menu, servindo linguicinhas e costelinhas de porco, com bom molho vinagrete e farofa. Depois, é só escolher o seu corte. O costelão, assado lentamente, derrete na boca. Além da qualidade das carnes, chama a atenção o ponto correto de cozimento. Prime rib, ojo de bife, picanha bombom, bife ancho, costeleta de cordeiro (e também as linguiças do mesmo ovino, feitas na casa), bife de chorizo, sirloin Red Angus... A seleção é imensa, e a satisfação, garantida.

Faria

Conexão Rio-Alemanha

Cozinha alemã, variados

Rua Teófilo Otoni, 121 – Centro – Rio de Janeiro
Tel.: (21) 2233-7648
2ª f. a 6ª f., das 12h às 16h

🚗 não   🍴 A|D|M|V $$ ♿ não   🍷 sim   🚭 não   ♿ não

O labskaus, prato alemão feito com carne curada, batata e cebola, primo do harmbúrguer, servido com dois ovos fritos por cima e picles de pepino, é uma receita clássica da Rua Teófilo Otoni e imediações. Um dos bons lugares para se apreciar essa receita natural da cidade de Hamburgo, reza a lenda, é o Faria, que herdou parte da equipe do lendário Ficha, que ficava quase em frente. O restaurante serve também pratos fartos e honestos, em um cardápio que mescla especialidades alemãs (eisbein, kassler, salsichas e salsichões com chucrute e salada de batatas) com pratos clássicos dos restaurantes cariocas, como o filé à francesa, o steak au poivre e outros na mesma linha.

Fasano al Mare Elegância praiana

Cozinha italiana, pescados, para grandes ocasiões

Avenida Vieira Souto, 80 – Ipanema – Rio de Janeiro
(Hotel Fasano)
Tels.: (21) 3202-4256/3202-4230
www.fasano.com.br
2ª f. a dom., das 12h às 15h e das 19h até o último cliente

🚗 sim   💳 A|D|M|V $$$$ 🚭 não   🚬 não   🕐 sim   ♿ sim

Aqui o estilo clássico do grupo Fasano ganha roupagem mais praiana, e isso se reflete em quase tudo, do balcão de mármore do bar ao linho das toalhas que cobrem parte das mesas de madeira, com projeto elegante de Philippe Starck. Se há receitas tradicionais servidas de forma convencional, o chef italiano Luca Gozzani também tem liberdade para criar algumas novas e usar louça escura em formatos diversos. O resultado é um restaurante que passeia por diversas regiões da Itália, ora seguindo uma linha mais tradicional, ora apresentando um repertório um pouco mais criativo. No Fasano al Mare, faça como os romanos, e comece com a frittura mista di mare, uma seleção de lulas, camarões e manjubinhas levemente empanados e fritos, servidos com limão-siciliano, ótima para ser dividida em uma mesa com várias pessoas. Como primeiro prato, as minilulas com ervilhas e o nhoque de azeitonas pretas já são uma receita emblemática da casa. A excelência dos ingredientes chama a atenção, e fique atento aos festivais, como os de trufas. Alguns peixes do dia são fornecidos por pescadores que trabalham nas lajes quase em frente ao restaurante, mas não se engane: apesar do nome, muitos dos melhores pratos vêm mesmo da terra, como o ravióli de vitelo em fonduta de queijo e o leitãozinho com feijão-branco. Encerre com um mil-folhas tradicional, cremoso e crocante.

Fazenda das Videiras — Vinhos por todos os lados

Cozinha francesa

Estrada Almirante Paulo Meira (RJ 117), 6.000
Vale das Videiras – Petrópolis
Tels.: (24) 2225-8090/2225-8088 – www.videiras.com.br
6ª f., das 20h30 às 22h; **sáb.,** das 13h às 15h e das 20h30 às 22h; **dom.,** das 13h às 19h

🚗 sim   💳 D|M|V   💲💲💲💲   🐾 não   ❌ não   🕐 sim   ♿ não

Esse hotel temático com chalés fantásticos onde tudo gira ao redor do vinho tem também um dos melhores restaurantes da Serra, mas, para desfrutá-lo, o ideal é reservar um fim de semana, já que o restaurante serve prioritariamente

>>

os hóspedes. A cozinha tem base francesa, e tudo é cuidado de perto pelo casal Erni e Gaspar Vianna. Ela comanda a cozinha, e ele o salão: é o encarregado dos vinhos (a adega, muito bem abastecida, merece ser visitada). A terrine de foie gras é ótima. Há diferentes menus, e um deles passeia por clássicos franceses, como o pato confit. Aos domingos, quase sempre tem cassoulet.

Fazenda do Mel
Caças na lenha

Variados

Estrada Visconde de Mauá-Rio Preto, Km 5 – Visconde de Mauá – Resende
Tels.: (24) 3387-1308/3387-2348 | www.fazendadomel.com.br
6ª f., sáb. e dom., das 13h às 16h

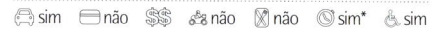

🚗 sim   🍽 não $$ 👤 não   ✕ não   🕐 sim*   ♿ sim

Mais um representante dos restaurantes de hotel, Fazenda do Mel, em Visconde de Mauá, não chega a ser muito conhecido, mas é um dos endereços mais gostosos da Serra Fluminense, especializado em carnes de caça. É daqueles lugares de que não se tem vontade de sair, até porque bom mesmo é passar a noite por lá: os quartos são deliciosos, com direito à hidromassagem com vista para a mata, lareira... Maria Olímpia, a proprietária, é chef e comanda a cozinha com forno a lenha. Personalidade de Mauá, ela também é autora de um livro sobre a região.

* Reservas devem ser feitas com, no mínimo, quatro horas de antecedência.

Filé de Ouro

Carnes, cozinha tradicional

Rua Jardim Botânico, 731 – Jardim Botânico
Rio de Janeiro
Tel.: (21) 2259-2396
3ª f. a sáb., das 12h às 23h; **dom.,** das 12h às 19h

 não   D | M | V $$ não   sim   não   não

A casa continua com fila na porta nos fins de semana, e a razão são as carnes que saem da cozinha no ponto exato. O filé-mignon é preparado à perfeição, em um corte com dois ou três dedos de altura, extremamente macio. A parte externa é inteiramente selada e o interior varia de tons até chegar ao mais lindo rosado, deixando no prato um rastro de sua suculência, que se mistura aos acompanhamentos. A carne é servida em versões para até cinco ou seis pessoas, como à Oswaldo Aranha (com alho frito exemplar) e à prussiana (com queijo, alho, cebola frita e ovo), além da dupla arroz com feijão (que está presente em quase todos os pratos).

Fim de Tarde

Tudo de bom não só para o fim de tarde

Cozinha espanhola, variados

Rua Miguel Couto, 105-B – Centro – Rio de Janeiro
Tel.: (21) 2516-2409
2ª f. a 6ª f., das 11h às 17h

🚗 não 💳 A|D|M|V $$ ♿ sim 📶 sim 🕐 sim ♿ não

Inaugurado em 1973, escondidinho atrás de uma fachada de madeira na Rua Miguel Couto, a poucos passos da Avenida Presidente Vargas, o Fim de Tarde é daqueles lugares que poucos conhecem. Mas quem sabe, sabe: a clientela é fiel e bate ponto lá porque a comida é ótima, e os preços, muito justos, com porções fartas e serviço cordial. Quem cuida da casa é a família Alonso, de origem espanhola. A ancestralidade garante um cardápio repleto de clássicos espanhóis, incluindo uma favada asturiana de parar o trânsito. O polvo é de rara perfeição, puxado no alho com páprica e azeite, e há ótimos queijos e presuntos para dar início aos trabalhos. Para acentuar o caráter espanhol, melhor pedir uma tortilla. O cardápio não se limita às especialidades ibéricas e apresenta receitas tipicamente cariocas, como o picadinho, e outras brasilidades: moqueca e virado à paulista.

Focaccia

Sandubas *alla italiana*

Sanduíches

Avenida Ataulfo de Paiva, 1.228-B – Leblon – Rio de Janeiro
Tel.: (21) 2512-4488 | www.focacciacafe.com.br
2ª f. a 5ª f., das 12h à 0h; **6ª f. e sáb.,** das 12h às 4h; **dom.,** das 12h às 2h

🚗 não   🍽 A|D|M|V   💲   🛵 sim   ❌ sim   🕐 não   ♿ não

Filiais
Avenida Afrânio de Melo Franco, 290, 4º piso – Leblon – Rio de Janeiro (Shopping Leblon)
Tel.: (21) 3875-3264
dom. a 5ª f., das 12h às 23h; **6ª f. e sáb.,** das 12h à 0h

Rua do Acre, 51 – Centro – Rio de Janeiro
Tel.: (21) 2233-6859
2ª f. a 6ª f., das 9h às 18h

Rua Sete de Setembro, 54 – Centro – Rio de Janeiro (Livraria da Travessa)
Tel.: (21) 2224-5073
2ª f. a 6ª f., das 9h às 20h; **sáb.,** das 9h às 14h

A casa de sanduíches à moda italiana logo caiu no gosto dos cariocas e está se espalhando pela cidade (já são quatro endereços, dois no Leblon e dois no Centro). A fórmula é tão simples quanto certeira: um fast-food para quem gosta de comer bem. Em um ambiente bonito, com mesinhas de madeira, são servidas focaccias recheadas com ingredientes de primeira, muitos deles importados da Itália. A Ostuni, por exemplo, combina rosbife com cebola roxa caramelada e queijo de cabra, e a Sicília leva atum, legumes grelhados e patê de azeitonas. Também é possível saborear pratos leves, como saladas, quiches e carpaccios.

Fogo de Chão

Carnes, churrascarias

Avenida Repórter Nestor Moreira, s/nº – Botafogo – Rio de Janeiro
Tel.: (21) 2279-7117 | www.fogodechao.com.br
2ª f. a sáb., das 12h à 0h; **dom.,** das 12h às 22h30

🛏 sim ▭ A|M|V $$$$ 🚗 não 🚭 não 🚬 sim ♿ sim

No primeiro fim de semana de funcionamento da rede paulistana no Rio de Janeiro, a fila de carros era tão grande que deu um nó no trânsito de Botafogo. Os cariocas esperavam ansiosos a abertura da Fogo de Chão, processo que demorou anos. Ao menos, quando conseguiram um imóvel, os donos arrebentaram: um espaço imenso, com vista arrebatadora da Baía de Guanabara. Sem dúvida, um dos restaurantes mais lindos da cidade. Embora o serviço tenha mostrado muita irregularidade no começo, aos poucos tudo vai se ajeitando. Ao contrário da maioria das churrascarias, que serve de sushi a moqueca, aqui o foco são as carnes. O bufê de saladas traz produtos de qualidade e os acompanhamentos quentes não são lá grande coisa, mas, quando chega à mesa aquele espeto de shoulder steak, corte desenvolvido por eles, da parte dianteira do boi, tudo começa a fazer sentido. A costela, marca do grupo, que fica assando na porta dos restaurantes, como que na vitrine, é outra carne que merece atenção, assim como as costeletas de cordeiro, o bife ancho, a costela *premium*, a fraldinha e a picanha, servidos com a maravilhosa vista.

Forneria São Sebastião

Itália despojada

Cozinha italiana

Rua Aníbal de Mendonça, 112 – Ipanema – Rio de Janeiro
Tel.: (21) 2540-8045 | www.forneria.com.br
dom. a 5ª f., das 12h à 1h; **6ª f. e sáb.,** das 12h às 2h

🚗 sim   🍽 A|D|M|V $$ 🛵 sim   🏍 não   🕐 sim   ♿ sim

O ambiente é despojado, com um imenso balcão de madeira que abriga o bar e, ao fundo, o forno que assa parte das especialidades da casa, protegido por um vidro. O cardápio segue essa linha e apresenta a cozinha italiana em seu estado mais puro e simples, por meio de crostinis, sanduíches, insalatas, massas e pizzas. Há uma seção inteira dedicada aos carpaccios, com quatro versões diferentes de carne, além de atum e salmão. A lista de massas traz nhoque com molho de tomate, carne moída e parmesão e tortellini de vitela com molho funghi. Há também alguns pratos de carne e peixe, como as almôndegas, o linguado com molho de camarão e o risoto ao limão. Para as sobremesas, o caráter é mais universal, com profiteroles, brownie e banana ao forno.

Funghi d'Oro

Onde o programa é conhecer e comer funghi

Variados, cozinha italiana

Estrada Caminho do Imperador, 1.333 – Rocio – Petrópolis
Tel.: (24) 2291-5682 | www.funghidoro.com.br
6ª f. e sáb., das 12h às 18h e das 19h às 21h; **dom.,** das 12h às 18h

🚗 sim   🍽 M|V $$$$ 🛵 sim   🏍 não   🕐 sim   ♿ não

F/G

O *ristorante* funciona em um sítio produtor de cogumelos. Uma casa agradável, rodeada pelo verde do Rocio, em Petrópolis. Os fungos disponíveis no dia ficam logo na entrada, na madeira em que são cultivados. Tem cardoncello, shitake, shimeji... São várias as espécies e elas entram em praticamente todas as receitas, até em algumas sobremesas, como a musse de chocolate com pedaços bem pequenos de shitake sobre um pão de ló. O cardápio é bem interessante, com acento italiano forte: massas, risotos e carnes (tem pato, cordeiro, javali etc.) são a especialidade da casa. O nhoque de shitake (o cogumelo é adicionado à massa) com molho de queijo é ótimo, e a paleta de javali envolvida por um molho espesso e escuro também vale a visita. Almoçar no Funghi d'Oro é um programão.

Galeto 183 (Bar da Dona Ana)   Comida de respeito

Botecos, carnes, galetos

Rua de Santana, 183 – Centro – Rio de Janeiro
Tel.: (21) 2252-3914
2ª f a 6ª f., das 6h às 21h; **sáb.,** das 6h às 17h

🚗 não   🍽 não   💲💲   ♨ não   ❌ sim   🕐 não   ♿ não

Na parede, há muitas fotos. Vários painéis apresentam a clientela; gente como Moacyr Luz. E há imagens lindas de fotógrafos dos jornais *O Globo* e *Extra*, que estão

>>

ali ao lado. Como *O Dia* também não fica longe, é um restaurante muito frequentado por jornalistas. Mas o grande orgulho da portuguesa Ana Castilho, a dona – que bate ponto ali dia sim, outro também – é a receita de angu escrita à mão pelo próprio... Gomes (sim, o do Angu do Gomes – ver p. 51). Simples e sempre lotado na hora do almoço, pode ter até fila na porta. A cozinha tem nos grelhados e pratos do dia o seu forte. Nas ocasiões mais frias, o caldo verde com azeite e a ótima pimenta feita ali batem um bolão. E uma linguicinha na brasa para abrir os trabalhos sempre vai bem. Experimente o pão de alho. Entre os clássicos estão o contrafilé, que é maior que o prato, e o galeto, ambos assados na brasa e servidos com fritas, feijão, arroz e farofa (peça à brasileira, com ovos – muito boa). Entre os pratos do dia, o destaque vai para o angu do Gomes, com miúdos de boi, e rabada sobre polenta, às quartas-feiras; o cozido à portuguesa, às quintas; e a feijoada, às sextas. Finalize, como os *habitués*, com um pudim de leite caseiro.

Garcia & Rodrigues   Do café da manhã à ceia

Café da manhã, cozinha francesa, delicatessens, doces, chocolates

Avenida das Américas, 466, 1º piso
Barra da Tijuca – Rio de Janeiro (BarraShopping)
Tels.: (21) 3206-4110/3206-4115
www.garciaerodrigues.com.br
2ª f. a 6ª f., das 10h à 0h; **sáb.,** das 9h à 1h;
dom., das 9h às 22h

🚗 sim   🍴 A|D|M|V $$$ ⚥ não   🚭 não   🕙 sim   ♿ não

G

Um dos melhores lugares para se começar o dia, tanto com o café da manhã servido ali quanto com os pães – que estão entre os mais gostosos do Rio –, queijos e frios para levar para casa. O balcão refrigerado é uma rôtisserie das boas, que guarda uma série de preciosidades que também podem ser compradas embaladas para viagem: o foie gras au torchon é ótimo, assim como o pato confit e as quiches. Os doces são uma perdição e lindos: um viva para a tartelete de framboesa! O lugar também é uma loja de vinhos e delicatéssen, com boa oferta de produtos importados. Por fim, no local também funciona um restaurante de espírito francês, com cardápio bastante consistente e variado. O fechamento da casa original, no Leblon, no final de outubro de 2011, gerou protestos e deixou órfãos muitos fãs.

Gero

Cozinha italiana, para grandes ocasiões

Rua Aníbal de Mendonça, 157 – Ipanema
Rio de Janeiro
Tel.: (21) 2239-8158 | www.fasano.com.br
2ª f. a 6ª f., das 12h às 15h30 e das 19h à 0h;
sáb. e dom., das 12h à 0h

 sim | A|D|M|V | $$$$ | não | não | sim | sim

Para muita gente, é o melhor restaurante do Rio. Faz todo sentido, já que o Gero é infalível, e é impossível não comer muito bem ali, mesmo no almoço,

 >>

quando é oferecido o menu mezzogiorno, a preços bem mais atraentes que os do jantar, mas com o mesmo nível de qualidade. Os carpaccios e tartares são imbatíveis, acompanhados de torradinhas de miga. As massas, sempre feitas na casa, são recheadas na hora do pedido. A paleta de cordeiro assada lentamente, e servida em seu próprio molho, e o ossobuco de vitelo chegam à perfeição em termos de cozimento e tempero, e são acompanhados por um purê de batatas que vem em uma panelinha de cobre, que é de uma cremosidade estupenda, ou por risotos igualmente fantásticos. O cardápio clássico italiano tem uma base irretocável, como o vitelo alla milanese com arroz de açafrão e o ravióli de pato com laranja, mas vive ganhando novidades, algumas delas sazonais, como os menus especiais com trufas ou funghi porcini, vindos diretamente da Itália. As sobremesas vão pelo mesmo caminho: o mil-folhas é uma marca registrada. Além disso tudo, o lugar é lindo, e o serviço, muito bom. Sempre.

Giuseppe   Simpatia italiana

Cozinha italiana

Rua Sete de Setembro, 65 – Centro – Rio de Janeiro
Tel.: (21) 3575-7459
2ª f. a 6ª f., das 12h às 22h

não   A|D|M|V $$$$ sim   não   sim   sim

Simpática casa italiana, tem um ambiente gostoso, com destaque para o salão dos fundos, bonito e bem iluminado. O cardápio segue a linha clássica, mas reserva surpresas como o carpaccio de língua bovina, temperado com azeite extravirgem, limão-siciliano e flor de sal. O saboroso nhoque é um dos destaques da lista de massas, servido com três molhos diferentes: constanza, com mignon puxado no tomate; gemelli, feito com quatro queijos; e sorrento, com molho de tomates frescos, manjericão e mozarela de búfala. O cardápio também foge um pouco da especialidade, apresentando pratos como o estrogonofe (muito bom, seguindo a receita original) e a picanha com farofa na manteiga. Depois das 15 horas, serve pizzas e sanduíches.

Giuseppe Grill   Terra e mar na grelha

Carnes, pescados

Avenida Bartolomeu Mitre, 370 – Leblon – Rio de Janeiro
Tel.: (21) 2512-7506
2ª f. a dom., das 12h à 0h

🚗 sim   💳 A|D|M|V $$$$ 🅿 sim   📋 sim   🕐 sim   ♿ sim

Filial Rua da Quitanda, 49 – Centro – Rio de Janeiro
Tels.: (21) 2507-6740/3575-7474
2ª f. a 6ª f., das 12h às 17h

>>

O ambiente é bonito, com tijolinho e madeira, e tem uma das mais lindas adegas da cidade, com ótima seleção de tintos e brancos. A casa do Leblon trabalha com pescados muito frescos e o Giuseppe Grill é, seguramente, um dos melhores lugares do Rio para se deliciar com peixes e frutos do mar. Entretanto, o carro--chefe são mesmo as carnes, servidas com bons acompanhamentos, como a farofa de milho com juliana de abobrinhas. Para começar, linguiça, costelinhas e as "Delícias da Dona Gema", receita da mãe de um dos maîtres e que são canudinhos crocantes de polvilho e queijo grana padano, primos chiques do pão de queijo. Para abrir os trabalhos, outra boa pedida são as chamadas panelinhas (pequenas e deliciosas porções): a de rabada com funghi e purê de batata-baroa é mesmo um espetáculo. O ojo de bife, o prime rib, a costeleta de cordeiro e a picanha suprassumo estão entre os melhores cortes. Para os que apreciam carnes assadas lentamente, a costela fica 12 horas no fogo, ao passo que a paleta de cordeiro, oito; e ambas chegam à mesa se desmanchando.

Gosto com Gosto   Um lugar bonito para se gastar horas e horas

Cozinha mineira

Rua Wenceslau Braz, 148 – Visconde de Mauá – Resende
Tels.: (24) 3387-1382/3387-2004 | www.gostocomgosto.com.br
2ª f., 4ª f., 5ª f. e dom., das 12h às 18h; **sáb.,** das 12h às 20h

🚗 não   🍽 M $$ ♟ não   ✖ não   Ⓢ não   ♿ sim

As linguiças são feitas ali mesmo e defumadas em cima do fogão a lenha. Os doces também são preparados na casa, e a combinação entre a casquinha de limão em calda e o doce de leite é algo de enternecer. Um dos melhores

>>

restaurantes mineiros do Brasil está em Visconde de Mauá, logo na entrada da cidade. É um lugar bonito, com paredes de tijolinho, para passar horas e horas. Mônica Rangel, a chef, cuida das panelas, e Claudio Rangel, seu marido, das cachaças e dos vinhos (a carta de pingas é fantástica). O cardápio é um mineiro, digamos, contemporâneo, já que absorve influências de fora. O angu com linguiça, por exemplo, leva gorgonzola, e a porção com um trio de linguiças diferentes (tem até de cordeiro) é servida com chutney de frutas. E viva a integração das culturas! Como homenagem à região, tem truta salmonada. Entre os clássicos da casa está o mexidão da Zu, saborosa composição de uma simplicidade brutal, misturando arroz, feijão, bacon, filé-mignon, linguiça e ovo caipira. Dá para imaginar? O tutu à mineira e o feijão tropeiro também estão entre os mais pedidos, e a picanha suína ao molho de frutas é um sonho. Depois, resta o bufê de doces, e é impossível não levar algumas compotas para casa.

Gracioso

Viagem no tempo

Botecos, bons e baratos

Rua Sacadura Cabral, 97, Praça Mauá – Centro
Rio de Janeiro
Tel.: (21) 2263-5028
2ª f. a 6ª f., das 7h às 22h

🚗 não 🍽 A|D|M|V 💲💲 🏍 não ❌ sim 🚭 não ♿ não

>>

O Gracioso parou no tempo, para nossa alegria. Ainda tem geladeiras embutidas de fórmica azul-claro, toalhas azul-escuras, paredes de azulejo, ventiladores de ferro e uma imagem de São Jorge. Com o recente apreço dos cariocas por botecos, virou *cult*. A casa de esquina, coladinha à Pedra do Sal, na Gamboa, vive lotada na hora do almoço, já que seus pratos são fartos para duas pessoas e muito saborosos. Para começar, uma estufa guarda salgadinhos, como o delicioso rissole recheado com camarões grandes e bem temperados. Dos pratos principais, é difícil escolher entre o cordeiro na páprica e o polvo com arroz de brócolis. Um clássico é o filé à Gracioso, com pimentões. Os pratos do dia são ótima pedida: às segundas-feiras tem peito de boi com feijão-manteiga. Para beber, como bom boteco que se preze, cervejas bem geladas e uma excelente seleção de pingas.

Grand Cru — Mais que uma loja de vinhos

Vinhos, variados

Rua Lopes Quintas, 180 – Jardim Botânico – Rio de Janeiro
Tel.: (21) 2511-7045 | www.grandcru.com.br
2ª f. a 6ª f., das 10h às 21h; **sáb.,** das 10h às 18h

 não A|D|M|V $ sim não não não

Filiais

Avenida das Américas, 7.841, bloco 1, loja 103 – Barra da Tijuca – Rio de Janeiro
Tel.: (21) 2431-0864
2ª f. a sáb., das 11h à 0h (a cozinha abre apenas às 18h)

>>

Rua Vinicius de Moraes, 130 – Ipanema – Rio de Janeiro
Tels.: (21) 2247-1089/2267-5226
2ª f. a sáb., das 10h à 0h (a cozinha abre às 12h)

Avenida Ataulfo Paiva, 348-A – Leblon – Rio de Janeiro
Tels.: (21) 2540-9957/2540-9958
2ª f. a 6ª f., das 10h às 21h; **sáb.,** das 11h às 19h30

São quatro lojas no Rio, sendo que apenas duas (Barra e Ipanema) têm restaurantes. A Grand Cru é um ótimo lugar para se comprar vinhos, com oferta de mais de mil rótulos nos quais se destacam os argentinos, franceses e italianos. O bistrô que funciona na unidade de Ipanema, pilotado pelo sommelier gente boa Michel Couto, tem um cardápio variado, apresentado no iPad. Os melhores pratos combinam carnes, como kobe beef e cordeiro, com risotos bem cremosos, como o intitulado Refrescante, que tem folhas de hortelã. Também há uma boa oferta de massas. Vale ficar atento à programação, pois sempre são promovidas degustações e jantares harmonizados bastante interessantes.

Gruta de Santo Antônio   Portugal em Niterói

Cozinha portuguesa

Rua Silva Jardim, 148 – Centro – Niterói
Tels.: (21) 2621-5701/2613-0762 | www.grutadesantoantonio.com.br
2ª f. a 4ª f., das 11h30 às 17h; **5ª f., 6ª f. e sáb.,** das 11h30 às 23h30; **dom.,** das 11h30 às 17h

🚗 sim   💳 A|D|M|V $$$ 🍴 sim   🍽 sim   🕐 sim   ♿ não

>>

O melhor restaurante de Niterói não fica nada a dever às duas principais referências em termos de cozinha lusitana em território fluminense: o Antiquarius (ver p. 53) e o Adegão Português (ver p. 43). Essa casa agradável é bem próxima do Rio, e a melhor maneira de se chegar lá é pegar a barca Rio-Niterói e, depois, um táxi. O polvo na brasa é uma obra de arte em toda sua simplicidade. Para começar, o bacalhau aparece em três versões: bolinho, punheta e pataniscas, todas ótimas, assim como as sardinhas assadas. O cardápio tem um espaço só para o peixe salgado, servido em receitas tradicionais, como à Lagareiro e à Gomez de Sá, mas também em versões como a que leva o nome da casa, com camarões. Sob encomenda podem ser preparados, além de um cozido português, pratos especiais, com leitão, coelho, pato e lagosta. Para fechar em grande estilo, pastel de nata, ovos moles... É um programa demorado, a ser apreciado com calma, na companhia de um bom vinho.

Gula Gula

Salada carioca

Saladas, variados

Avenida General San Martin, 1.196 – Leblon – Rio de Janeiro (esquina com a Rua Rita Ludolf)
Tels.: (21) 2294-0650/2294-8792 | www.gulagula.com.br
dom. a 5ª f., das 12h à 0h; **6ª f. e sáb.,** das 12h à 1h

 não A|D|M|V $$$ sim não não não

Filiais
Rua Senador Dantas, 80-A – Centro – Rio de Janeiro
Tels.: (21) 2252-8799/2262-7170
2ª f. a 6ª f., das 11h30 às 16h

Rua 1º de Março, 23, loja A – Centro – Rio de Janeiro
Tel.: (21) 3852-1174
2ª f. a 6ª f., das 11h30 às 16h

Avenida Ministro Ivan Lins, 270-F – Barra da Tijuca – Rio de Janeiro
Tels.: (21) 2495-3534/2493-2995
dom. a 5ª f., das 12h à 0h; **6ª f. e sáb.,** das 12h à 1h

Avenida das Américas, 4.666, 1º piso – Barra da Tijuca – Rio de Janeiro (BarraShopping)
Tel.: (21) 2431-9180
2ª f. a dom., das 12h às 23h

Avenida das Américas, 7.777, 3º piso – Barra da Tijuca – Rio de Janeiro (Rio Design Barra)
Tels.: (21) 2438-7608/2438-7609
2ª f. a dom., das 12h à 0h

Estrada da Gávea, 899, 2º piso – São Conrado – Rio de Janeiro (Fashion Mall)
Tel.: (21) 2422-1797
dom. a 5ª f., das 12h à 0h; **6ª f. e sáb.,** das 12h à 1h

Rua Henrique Dumont, 57 – Ipanema – Rio de Janeiro
Tel.: (21) 2259-3084
dom. a 5ª f., das 12h à 0h; **6ª f. e sáb.,** das 12h à 1h

Avenida Alexandre Ferreira, 220-A – Jardim Botânico – Rio de Janeiro
Tel.: (21) 2537-8906
dom. a 5ª f., das 12h à 0h; **6ª f. e sáb.,** das 12h à 1h

Avenida Ataulfo de Paiva, 270, subsolo – Leblon – Rio de Janeiro (Rio Design Leblon)
Tel.: (21) 2540-8005
dom. a 5ª f., das 12h à 0h; **6ª f. e sáb.,** das 12h à 1h

Rua General Severiano, 97, 1º piso – Botafogo – Rio de Janeiro (Rio Plaza)
Tel.: (21) 2541-4045
dom. a 5ª f., das 12h às 23h30; **6ª f. e sáb.,** das 12h à 1h

Rua Marquês de São Vicente, 52, loja 136 – Gávea – Rio de Janeiro (Shopping da Gávea)
Tel.: (21) 2239-5594
2ª f. e 3ª f., das 12h às 23h30; **4ª f. e 5ª f.,** das 12h às 23h; **6ª f. e sáb.,** das 12h à 0h;
dom., das 12h às 23h

É um marco da cozinha carioca. Começou em uma portinha do Leblon e hoje tem mais de dez endereços na cidade. Além de servir pratos que seguem a linha mais leve, o cardápio está sempre se modificando, incorporando novas receitas e preservando as clássicas. Essa é a fórmula do sucesso do grupo, cujas casas estão sempre lotadas, principalmente na hora do almoço. Saladas, que podem ser combinadas com carnes grelhadas, são o forte: a torre de caprese leva fatias de tomate, mozarela de búfala, manjericão e molho pesto; e a mediterrânea combina camarões e lulas com batata, abobrinha e palmito fresco, tudo marinado ao molho de mostarda de Dijon e estragão. Uma das criações mais famosas tem carne assada desfiada, manga, folhas verdes, mostarda, parmesão e batata palha. Os restaurantes do Centro têm o cardápio Rio antigo, com carne assada no molho ferrugem com penne ao molho de queijo e polpetone de carne com fusilli e mozarela de búfala ao molho de manjericão. Em compensação, esses dois endereços não contam com o menu Experimente, que regularmente traz novas criações.

Hipódromo

Variados, chopes

Praça Santos Dumont, 108 – Gávea – Rio de Janeiro
Tel.: (21) 2274-9720
dom. a 5ª f., das 9h à 1h; **6ª f. e sáb.,** das 9h às 3h

🚗 não 💳 A|D|M|V 💲💲💲 🍴 sim ✕ sim 🚭 não ♿ não

Enquanto houver o Lacerda, o garçom, o Hipódromo continua sendo um dos melhores restaurantes do Rio. E, é claro, enquanto houver cineastas, atores e jornalistas, os principais frequentadores do lugar, que ainda hoje tem mesas disputadas, principalmente as da varanda, de cara para o agito interminável do Baixo Gávea. Essa é uma instituição da boemia carioca, com movimento madrugada adentro, e não da gastronomia, exatamente. Mesas grandes pedem porções banais, mas que satisfazem: pizzas à francesa, batata frita, frango à passarinho, filé aperitivo e por aí vai. O chope é bom e sai gelado e na pressão, o que permite aos clientes permanecerem por bastante tempo. Para refeições mais encorpadas, o melhor é investir nos filés, como à Oswaldo Aranha, que não faz feio por lá, com carne macia e suculenta.

Il Perugino

Cozinha italiana

Estrada União e Indústria, 12.601 – Itaipava – Petrópolis
Tel.: (24) 2222-3092 | www.ilperugino.com.br
4ª f., das 19h às 23h30; **5ª f., 6ª f. e sáb.,** das 12h30 às 23h30; **dom.,** das 12h30 às 18h

🚗 sim   💳 A|M|V   💲💲💲   🐾 não   🚫 não   🕐 sim   ♿ sim

Nesse que é um dos melhores restaurantes do Rio, é possível comer trufas raladas na hora quando o chef e dono Sormany Justen consegue comprar alguns exemplares da iguaria, diretamente da Itália. O cardápio segue a linha mais clássica da cozinha italiana. O couvert tem pães feitos na casa e pastinhas, além de sopas aconchegantes para os dias mais frios, como o ótimo creme de cogumelos, que merece ser pedido para acompanhar uma taça de Prosecco. O menu degustação apresenta sugestões do chef como o Plim, massa recheada com coelho, vitelo, porco e espinafre, servida com molho de manteiga e pinoles, e um queijinho ralado por cima, ou o Bicci Toscano, massa da família do espaguete, só que mais fofa e mais gorda, com ragu de Montancino, preparado com carne de coelho e um pouco de linguiça, que é uma maravilha. Os pratos de carne acompanhados por risotos de ótima cremosidade são outra boa pedida. A carta de vinhos é das melhores por ter excelente variedade e preço justo.

Imperatriz Leopoldina

Variados, chás

Avenida Koeller, 376 – Centro – Petrópolis
(Hotel Solar do Império)
Tel.: (24) 2103-3000 | www.solardoimperio.com.br
dom. a 5ª f., das 7h às 22h; **6ª f. e sáb.,** das 7h à 0h

🚗 sim   🍽 A|D|M|V   💲💲💲   👶 não   🚭 não   🕐 sim   ♿ sim

O restaurante Imperatriz Leopoldina é uma delícia não só pela ótima cozinha da chef Claudia Mascarenhas, mas também por todo o ambiente que o envolve, no Centro Histórico de Petrópolis. A chegada é triunfal, seja a pé, de carro ou, quem sabe, de charrete. A entrada no palácio branco, onde funciona o hotel Solar do Império, é um momento especial. Ao subir a escadaria do prédio de 1893, logo se avista o bar e o restaurante, com paredes pintadas com afrescos. Mesmo quem não está hospedado ali deve considerar começar o dia com o caprichado café da manhã, com panquequinhas e omeletes feitos na hora, ótimos pães e queijos. Nessa mesma linha, ainda melhor, é o chá da tarde, às sextas-feiras e aos sábados, com bolos, biscoitinhos e chocolate quente. O cardápio da casa é bastante interessante e variado. A sopa de brie servida no pão italiano é um bom começo. A influência portuguesa fica clara na seleção de receitas com o maior símbolo da cozinha lusitana: tem casquinha de bacalhau com cream cheese e alho-poró, bacalhau com

>>

natas gratinado com creme de leite, cebola e batata palha e o famoso bacalhau pensado na cama, um belo pedaço servido com batatas ao murro, pimentões, alho e azeitonas.

Ix Bistrô

Cozinha francesa

Rua Marquês de São Vicente, 52, 3º piso – Gávea
Rio de Janeiro (Shopping da Gávea)
Tel.: (21) 2512-5842 | www.ixbistrot.com.br
2ª f. a 5ª f., das 12h às 16h e das 18h à 0h;
6ª f. e sáb., das 12h às 16h e das 18h à 1h;
dom., das 12h às 23h

sim   A|D|M|V $$ não   não   não   sim

O finado Vinoclub, no Shopping da Gávea, ao menos deixou uma boa herança: o ambiente agradável e as máquinas que vendem vinhos em taça. O chef bretão Olivier Cozan andou sumido, passou um período na França e voltou para o Rio para comandar o lugar, rebatizado Ix Bistrô, uma ótima pedida antes do teatro ou do cinema. O cardápio tem preço atraente, com entrada, prato principal e sobremesa a R$ 29 no almoço. A água é cortesia da casa. Apesar do poder sedutor do menu executivo, o que faz mesmo valer a visita ao Ix é o cardápio convencional, que apresenta pratos como as vieiras grelhadas guarnecidas de juliana de pupunha e o risoto de pato com cogumelos, além das receitas com foie gras, uma especialidade do chef.

Jobi

Botecos, cozinha tradicional, pós-praia

Avenida Ataulfo de Paiva, 1.166 – Leblon – Rio de Janeiro
Tels.: (21) 2274-0547/2274-5055
2ª f. a dom., das 10h às 4h

🚗 não 💳 A|D|M|V $$ 🅿 sim ❌ sim 🚭 não ♿ sim

O Jobi quase não fecha as portas e é um dos melhores lugares para se ir depois de 1h. Come-se e bebe-se muito bem, e fazemos isso vendo gente de todos os cantos, de todas as tribos e línguas. Os últimos clientes vão embora lá pelas 5h ou 6h da matina e às 10h em ponto a casa já está aberta. É preciso que se frequente o Jobi, inaugurado em 1956, para entender um pouco o que é a cultura "botequeira" da cidade. Faça isso saboreando caldinho de feijão, bolinho de bacalhau e empada de camarão – escoltados por chopes e, quem sabe, um Steinhaeger para acompanhar. Há uma boa listagem de petiscos que abrilhantam o bate-papo, como a carne-seca desfiada e o pernil assado, que pode ser comido de palitinho ou como belo sanduíche ou, ainda, com tutu cremoso. A carne assada tem fiéis seguidores. O cardápio foi ganhando alguma sofisticação (hoje tem até javali), mas continua voltado às especialidades de boteco, incluindo boas receitas de bacalhau e filé. O menu de terça-feira apresenta uma capa de

>>

filé com feijão-manteiga que merece ser tombada como patrimônio artístico e cultural do Rio de Janeiro.

Joe & Leo's   Entre burguers e steaks

Sanduíches

Estrada da Gávea, 899, 2º piso – São Conrado – Rio de Janeiro (Fashion Mall)
Tels.: (21) 2422-0775/2422-3771 | www.joeleos.com.br
dom. a 5ª f., das 12h à 0h; **6ª f. e sáb.,** das 12h à 1h

🚗 sim   🍴 A|D|M|V $$ 🅿 não   ⌧ sim   🕑 não   ♿ sim

Filiais
Avenida das Américas, 7.777, 1º piso – Barra da Tijuca – Rio de Janeiro (Rio Design Barra)
Tel.: (21) 3328-6980
2ª f. a 6ª f., das 12h à 0h; **sáb. e dom.,** das 12h à 1h

Avenida Ataulfo de Paiva, 270, subsolo – Leblon – Rio de Janeiro (Rio Design Leblon)
Tels.: (21) 3204-9347/3204-9354
dom. a 5ª f., das 12h à 0h; **6ª f. e sáb.,** das 12h à 1h

Rua General Severiano, 97, 1º piso – Botafogo – Rio de Janeiro (Rio Plaza)
Tel.: (21) 2295-2706
2ª f. a dom., das 12h à 0h

Avenida das Américas, 5.000, 2º piso – Barra da Tijuca – Rio de Janeiro (New York City Center)
Tels.: (21) 2432-4882/2432-4883
dom. a 5ª f., das 12h à 0h; **6ª f. e sáb.,** das 12h à 1h

>>

O ambiente inspirado em esportes americanos dos anos 1950, com objetos e fotos do período, tem uma seleção de hambúrgueres extraordinária, incluindo um assinado por ninguém mais, ninguém menos que Roberta Sudbrack, inspirado no México, feito com queijo cheddar no pão de milho e servido com batatinhas na páprica. O tradicional é a versão mais "comportada": um hambúguer com 150 gramas de carne, com queijo, alface e tomate. Para os que têm mais fome, o Bravo Burguer traz um hamburgão com 350 gramas de picanha moída com boa parte de gordura, servido com queijo e cebola salteada no shoyu. Além dos sanduíches, há também algumas massas e ótimas opções de carne, outro ponto forte da rede: a costelinha de porco, o rib eye, o rump steak e o NY strip são muito bons. Para as sobremesas, o mesmo padrão: milk-shakes, brownies etc.

Kurt

A vida é doce

Doces

Rua General Urquiza, 117-B – Leblon – Rio de Janeiro
Tel.: (21) 2294-0599 | www.confeitariakurt.com.br
2ª f. a 6ª f., das 8h às 19h; **sáb.,** das 8h às 17h

🚗 não 💳 V 💲 sim não não não

>>

O Kurt é uma confeitaria lendária do Leblon, que abasteceu muitas gerações de cariocas com seus doces delicados. É o lugar perfeito para uma pausa no meio da tarde para um café acompanhado por alguma delícia. As tortas são ótimas. A Sacher, de origem austríaca, é uma das mais vendidas, feita com chocolate e recheada com a famosa geleia de damasco preparada na casa. A Floresta Negra, tradicional na Alemanha, com chocolate, chantili e cerejas, é outra campeã de pedidos. A lista é enorme, e também passeia por clássicos da pâtisserie francesa, como a tarte tatin; a praliné, de nozes com amêndoas; e a St. Honoré, recheada com creme de baunilha e decorada com bombinhas.

L Café Noir   O melhor de Cabo Frio

Cozinha francesa

Rua Marechal Floriano, 113 – São Bento – Cabo Frio (Boulevard Canal)
Tels.: (22) 2645-0504/8804-3299
4ª f. a sáb., das 19h à 0h; **dom.,** das 12h às 18h

🚗 não 🍽 A|D|M|V $$$$ ♨ não 📷 não 🕐 sim ♿ não

Ao contrário da vizinha Búzios, Cabo Frio não é famosa pelos bons restaurantes. O L Café Noir veio preencher essa lacuna e logo se transformou no melhor lugar da cidade para uma refeição. É um bistrô pequenino e aconchegante, comandado pelo chef francês Laurent Le Saos, e está instalado no Boulevard Canal, centrinho de entretenimento e gastronomia que abriga alguns outros bons bares e restaurantes. A casa tem padaria própria, de onde saem os pães quentinhos que abrilhantam o couvert. A cozinha segue a linha criativa com bases clássicas, servindo receitas bem-sucedidas, muitas delas explorando os peixes frescos da região, como o cherne com queijo brie e geleia de damasco.

La Bicyclette

Café da manhã, padarias

Rua Pacheco Leão, 320-D – Jardim Botânico
Rio de Janeiro
Tel.: (21) 3256-9052 | www.labicyclette.com.br
3ª f. a 6ª f., das 8h30 às 21h; **sáb.,** das 8h30 às 20h;
dom., das 8h30 às 14h30

🚗 não 🍽 não 💲💲 ♨não* ✖ sim 🚭 não ♿ não

Se a ideia é experimentar o delicioso café da manhã, esqueça os sábados, domingos e feriados, ou então chegue um pouco antes das 8h30, hora de abertura. A casa do Jardim Botânico fica lotada, com possibilidade de longa espera. A razão é muito simples. Hoje as melhores fornadas da cidade saem do La Bicyclette, comandado por um casal que começou o negócio produzindo pães em casa e vendendo pelas ruas do bairro, usando a bicicleta para fazer as entregas. Até a história é uma graça. O lugar também, com bonitos azulejos, cozinha aparente e torradeiras sobre as mesas – boa parte delas ao ar livre —, para cada um esquentar seu pão. E eles são muitos e saborosos. Ora crocantes, ora macios. A baguete e o croissant "vendem como pão quente". O pain au chocolat não deve nada ao de Paris. Brioche, ciabatta, pão com figo e erva-doce... Todos feitos artesanalmente, todos deliciosos. Depois é só sair caminhando até o Jardim Botânico.

* Temporariamente suspensas. É recomendável ligar para saber se o serviço de entrega já está regularizado.

La Fiducia

Cozinha italiana

Rua Duvivier, 21 – Copacabana – Rio de Janeiro
Tels.: (21) 2295-7474/2244-4465 | www.lafiducia.com.br
2ª f. a dom., das 12h à 1h

sim · A|D|M|V · sim · não · sim · sim

No La Fiducia, o maître Valmir Pereira faz jus ao nome de seu ofício, e é um verdadeiro maestro, que atua no salão e na cozinha. No salão, anota os pedidos dos clientes, serve os vinhos e conta boas histórias. Na cozinha, ele orienta a equipe, diz como preparar esse ou aquele prato do jeito que o cliente quer. Esse cearense tem seguidores há mais de 25 anos, desde os tempos do finado e classudo Le Bec Fin, em Copacabana, onde Valmir se criou. Depois de anos à frente do D'Amici (ver p. 132), no Leme, ele foi convidado a abrir o La Fiducia e para lá levou seu carisma e o talento para cuidar de um restaurante. Os pães são preparados na casa e abrilhantam um bom couvert, que tem pastinhas gostosas. O cardápio é italianíssimo, com ótimo repertório de receitas que mesclam a mais pura tradição com uma ou outra escapada, como a feijoada servida aos sábados, a carne-seca e o picadinho, além de gaspacho e ceviche. As massas são de fabricação própria: ravióli de galinha d'angola, papardelle com ragu de pato, espaguete com vôngole.

>>

L

Há uma excelente seleção de risotos, que podem tanto ser o primeiro prato quanto escoltar as boas carnes, como o ossobuco de vitelo e a paleta de cordeiro. É um dos poucos lugares a servir rins de vitelo, flambados ao conhaque, maravilhosos. Em frente, funciona o La Fiducia Café, com cardápio e ambiente mais leves e informais.

La Forneria Uma década de cozinha italiana

Cozinha italiana, pizzas

Rua Maria Quitéria, 136 – Ipanema – Rio de Janeiro
Tels.: (21) 2522-1159/2267-0415 | www.laforneria.com.br
2ª f. a 6ª f., das 18h à 1h; **sáb. e dom.,** das 12h à 0h

🚗 sim 💳 A | M | V 💲💲 ⛓ sim ✗ não 🚭 não ♿ sim

Com 10 anos completados recentemente, o restaurante fica em ponto nobre, no encontro da Lagoa Rodrigo de Freitas com Ipanema. O clima é informal, mas o serviço é simpático e atento. Quem comanda a casa é o italiano Umberto Vegetti, craque no preparo de risotos, massas e pizzas, que tem incrementado o cardápio com pratos substanciosos. As massas são sempre uma boa pedida, assim como as pizzas, assadas no forno a lenha. Entre as novidades, destaque para o penne com camarões e shitake, puxado no azeite, com alho, vinho branco, molho de tomate, salsinha e pimenta dedo-de-moça.

Laguiole

Mais que uma refeição, uma experiência

Variados, cozinha contemporânea

Avenida Infante Dom Henrique, 85, Aterro do Flamengo
Flamengo – Rio de Janeiro
Tel.: (21) 2517-3129 | www.bestfork.com.br/laguiole
2ª f. a 6ª f., das 12h às 17h

🚗 sim   💳 A|D|M|V   💲💲💲   ♿ não   🚭 não   🅾 sim   ♿ sim

Almoçar no Laguiole não é apenas sair para fazer uma refeição, mas uma experiência. Para início de conversa, o restaurante funciona no Museu de Arte Moderna (MAM), e chegar até o imenso bloco de concreto suspenso no ar é sempre um momento de satisfação. Pode-se subir pelo elevador ou pela rampa, tanto faz. O ambiente causa boa impressão: piso de madeira, mesas e cadeiras brancas, sofás pretos, um bar vistoso e uma adega mais ainda, principalmente para quem olhar com atenção e observar as garrafas que repousam ali: Petrus, Margaux, La Tâche, Haut-Brion, Latour... É uma das melhores coleções de vinhos em restaurante do país, com mais de 600 rótulos e 8 mil garrafas. A cozinha e o serviço estão à altura. O ragu de camarões, com os crustáceos flambados em Grappa e servidos em um molho cremoso com palha de alho-poró, já virou clássico da casa, apesar da pouca idade. Mas o melhor mesmo a se fazer no Laguiole é investir em um dos dois menus degustação: o de quatro pratos mais queijo e sobremesa, para os que têm pressa, e o de dez etapas, para os que têm tempo.

L

Lamas

Cozinha tradicional

Rua Marquês de Abrantes, 18-A – Flamengo – Rio de Janeiro
Tel.: (21) 2556-0799 | www.cafelamas.com.br
2ª f. a 5ª f., das 9h30 às 3h; **6ª f. e sáb.,** das 9h30 às 4h

🚗 não 💳 A|D|M|V $$$ 🍴 sim 📶 sim 🕐 não ♿ sim

O Lamas é único. É um restaurante centenário, com quase 40 anos. Isso mesmo. Inaugurado em 1874, quando completou 100 anos teve de mudar de endereço, saindo do Largo do Machado para se instalar na Rua Marquês de Abrantes, no Flamengo. Também é único porque serve mingau, torrada Petrópolis, gemada com duas gemas e ice cream soda. Mas tudo bem, o que importa mesmo é que o chope sai sempre na pressão e a cozinha prepara pratos honestos com sabor de antigamente, passeando por receitas clássicas do Rio de Janeiro. Lá é um dos melhores lugares para se comer, por exemplo, um belo filé à Oswaldo Aranha. As carnes bem grelhadas são o ponto forte do lugar atualmente, com uma boa variedade de guarnições. Tem filé, contrafilé e picanha, que podem chegar à mesa à francesa, à parmegiana, com arroz à piemontese. Os pratos do dia merecem atenção. Segunda-feira tem caçarola com tutu à mineira e, na quinta-feira, dobradinha. Para os que apreciam, vale investir na língua ao molho madeira.

Le Blé Noir — Sabores da Bretanha em Copacabana

Crepes

Rua Xavier da Silveira, 19-A – Copacabana – Rio de Janeiro
Tel.: (21) 2267-6969
2ª f. a 5ª f., das 19h30 à 0h; **6ª f. e sáb.,** das 19h30 à 1h

 sim | A|M|V | $$ | não | não | não | sim

Muitos chamam o lugar de creperia. Não tem problema, até porque também são servidas variações doces. A especialidade do Le Blé Noir são as galettes, com recheio salgado e massa feita de trigo sarraceno, como na Bretanha, terra do dono. Assim, para seguir fielmente o estilo, o melhor a se fazer é pedir uma sidra, servida na xícara, para acompanhar. Pequenino, o Le Blé Noir vive lotado, e as filas são comuns. Vale a pena encará-las para provar algumas das versões, como a que mistura figo caramelado, presunto cru e queijo de cabra com crocante de amêndoas.

Le Gite d'Indaiatiba — Franco-mineiro caiçara

Variados

Acesso pela Rodovia Rio-Santos (BR-101), Km 558 – Graúna – Paraty
Tels.: (24) 9999-9923/3371-7174 | www.legitedindaiatiba.com.br
2ª f. a dom., das 13h30 às 21h (exceto terça-feira)

 sim | M|V | $$$ | não | não | sim | não

>>

O lugar é resultado do feliz encontro de uma mineira com um francês. Alguns chegam de helicóptero, outros sobem as encostas da Serra do Mar de carro. Lá do alto, no meio da floresta, o Le Gite d'Indaiatiba, a 16 quilômetros do Centro de Paraty, se divide em dois. Do lado direito da estrada, a pousadinha de poucos quartos, rústica e agradável, a sauna e a cachoeira. À esquerda, subindo a escadinha que corta a mata, está o restaurante, com uma varanda escancarada para a Baía de Paraty, emoldurada por bromélias e árvores verdejantes. Logo acima, outra delícia do lugar: a piscina, comprida, com raia de natação, água fresca e geladinha, que desce límpida das montanhas. Além de tudo isso, a comida é bárbara. Muitos clientes chegam, fazem o pedido e correm para um banho de cachoeiras, e esse ritual transforma o Le Gite em um dos melhores e mais agradáveis restaurantes do Rio de Janeiro. Imperdível é pouco. Pães, geleias e chutneys são feitos ali mesmo. Comece com o ceviche de robalo com frutas e com o ravióli de taioba. No frio, vale pedir a sopa de cebolas. Para o prato principal, o robalo com molho de manga e gengibre é o carro-chefe, realmente espetacular. Outra boa pedida é o "red hot chili camarões", com os crustáceos grelhados em azeite perfumado e risoto de pitanga; sim, pitanga. Para terminar, tarte tatin.

Le Pré Catelan

Além do feijão com arroz

Cozinhas francesa e contemporânea, românticos

Avenida Atlântica, 4.240 – Copacabana – Rio de Janeiro (Hotel Sofitel)
Tels.: (21) 2525-1160/2525-1206 | www.leprecatelan.com.br
2ª f. a sáb., das 19h às 23h30

🚗 sim   💳 A|D|M|V $$$$ 🅿️ não   ❌ não   🕐 sim   ♿ sim

O chef Roland Villard propõe alguns menus diferentes em seu restaurante, no Sofitel: tem o de baixas calorias, várias degustações e até um cardápio especial, servido no escritório dele, dentro da cozinha do hotel – a maior do Brasil, com cerca de mil metros quadrados. Um dos destaques é o menu amazônico, que traz receitas como a costela de tambaqui com purê de batata-baroa defumada. Os pratos com foie gras são fantásticos, assim como as costeletas de cordeiro e o imenso côte de boeuf. As trilogias – o mesmo ingrediente apresentado de três maneiras diferentes – também fazem muito sucesso, como a de foie, a de crustáceos e a de escargot. Com técnica apurada, criatividade e utilizando os melhores ingredientes disponíveis, Roland comanda um dos restaurantes mais espetaculares do Brasil, com qualidade e regularidade impressionantes. Não só a comida é esplendorosa, mas também o ambiente, bem decorado, a vista das mesas próximas à janela, com a praia de Copacabana ao fundo, e o serviço, comandado pelo maître Jean-Pierre Fivria. Para a refeição terminar em grande estilo, as sobremesas são preparadas pelo chef de pâtisserie Dominique Guerin, que apresenta um carrinho recheado de delícias como crème brûlée, tortinhas, as mais variadas, e outros doces. Os macarons são imperdíveis. E o suflê de chocolate merece missa em seu louvor. O menu amazônico continua.

L

Le Vin
 Clássicos franceses

Cozinha francesa, café da manhã, padarias

Rua Barão da Torre, 490 – Ipanema – Rio de Janeiro
Tel.: (21) 3502-1002 | www.levin.com.br
2ª f. a 5ª f., das 12h à 0h; **6ª f. e sáb.,** das 12h à 1h;
dom., das 12h às 23h

🚗 sim   💳 A|D|M|V $$$ 🎷 não   ❌ não   Ⓢ sim   ♿ não

Filial Avenida das Américas, 4.666, 1º piso – Barra da Tijuca – Rio de Janeiro (BarraShopping)
Tels.: (21) 2431-8898/2431-9008
2ª f. a 5ª f., das 12h às 15h e das 19h à 0h; **6ª f. e sáb.,** das 12h às 16h e das 19h à 1h;
dom., das 12h às 22h

O Le Vin é um dos mais felizes, entre tantos encontros do Rio de Janeiro com a França. A varandinha em uma casa antiga de Ipanema é pura carioquice, assim como o público que a frequenta. O cardápio é legitimamente de bistrô, com uso de bons produtos e execução livre de falhas. A cozinha trabalha mais que corretamente e reproduz no menu uma lista consistente de clássicos franceses. Tudo começa com o pão feito na casa, acompanhado de manteiga e patê. Pura alegria. A lista de entradas tem um sedutor fricassé de champignons com creme de foie gras, além de moules et frites e uma ótima porção de escargots à la bourguignonne. Não faltam omeletes e sanduíches (claro que tem croque monsieur). Ostras frescas,

>>

steak tartar, confit de canard. Os clássicos estão todos lá, com direito a raridades, como os rins de vitela na mostarda. A filial da Barra tem padaria.

Lidador

Delicatessens, vinhos

Rua da Assembleia, 65 – Centro – Rio de Janeiro
Tel.: (21) 2533-4988 | www.lidador.com.br
2ª f. a sáb., das 9h às 20h

Filiais
Avenida das Américas, 4.666, loja 157, nível Lagoa – Barra da Tijuca – Rio de Janeiro
(BarraShopping)
Tel.: (21) 2431-8102
2ª f. a dom., das 10h às 22h

Rua Ataulfo de Paiva, 1.079, loja F – Leblon – Rio de Janeiro
Tel.: (21) 2512-1788
2ª f. a 5ª f., das 9h às 21h; **6ª f. e sáb.,** das 9h às 20h; **dom.,** das 9h às 14h

Avenida das Américas, 500, bloco 17, loja 122 – Barra da Tijuca – Rio de Janeiro
(Shopping Downtown)
Tel.: (21) 3139-4098
2ª f. a 6ª f., das 10h às 22h; **sáb.,** das 12h às 22h; **dom.,** das 15h às 21h

Avenida Maracanã, 987, lojas 3.044-3.045, 3º piso – Tijuca – Rio de Janeiro (Shopping Tijuca)
Tel.: (21) 2568-5500
2ª f. a sáb., das 20h às 22h; **dom.,** das 15h às 21h

L

Praia de Botafogo, 400, loja 201, 2º piso – Botafogo – Rio de Janeiro (Botafogo Praia Shopping)
Tel.: (21) 2237-9063
6ª f. e sáb., das 10h às 22h; **dom.,** das 15h às 21h

Rua Barata Ribeiro, 505 – Copacabana – Rio de Janeiro
Tel.: (21) 2549-0091
2ª f. a 6ª f., das 9h às 20h; **sáb.,** das 9h às 18h; **dom.,** das 9h às 15h

Rua Vinicius de Moraes, 120 – Ipanema – Rio de Janeiro
Tel.: (21) 2227-0593
2ª f. a 6ª f., das 9h às 22h; **sáb.,** das 9h às 20h; **dom.,** das 10h às 15h

Avenida Dom Hélder Câmara, 5.332, piso S, loja 2.903, 1º piso – Cachambi – Rio de Janeiro
(Norte Shopping)
Tel.: (21) 2593-0077
2ª f. a sáb., das 10h às 22h; **dom.,** das 15h às 21h

Rua Marquês de São Vicente, 52, loja 324, 3º piso – Gávea – Rio de Janeiro (Shopping da Gávea)
Tel.: (21) 3874-3971
2ª f. a sáb., das 10h às 22h; **dom.,** das 15h às 21h

Estrada União e Indústria, 10.126 – Itaipava – Petrópolis (Itaipava Arcadia Mall)
Tel.: (24) 2222-7061
2ª f. a 6ª f., das 12h às 20h; **sáb. e dom.,** das 10h às 19h

Salmão defumado, foie gras com trufas, bacalhau *gadus morhua*, roquefort de verdade, vinhos, acessórios para o serviço de vinhos, biscoitos amanteigados da Dinamarca... Desde 1924, o Lidador, lugar frequentado por Carlos Lacerda, JK e diversas personalidades históricas do Rio de Janeiro, fornece aos cariocas as mais variadas delícias do planeta. A lista de produtos compreende os da linha mais simples à mais chique e exclusiva. Assim, é possível encontrar nas prateleiras que

>>

vão do chão ao teto na linda matriz, no Centro, produtos para todos os bolsos, de vinhos acessíveis para o dia a dia aos mais exclusivos champanhes, borgonhas e barolos. É uma loja com beleza acima da média, bom serviço, com vendedores que, na maioria das vezes, sabem do que estão falando, e com ótimo serviço de entrega. Suas cestas de Natal são presente clássico. Vá com tempo e aproveite para apreciar alguns dos itens à venda ali mesmo, no bar que funciona nos fundos. Há filiais em vários pontos da cidade e também em Itaipava.

Locanda Della Mimosa   *La dolce vita*

Cozinha italiana

Alameda das Mimosas, 30 – Fazenda Inglesa – Petrópolis
Tel.: (24) 2233-5405 | www.locanda.com.br
6ª f. e sáb., das 12h30 às 15h30 e das 20h às 23h30;
dom., das 12h30 às 15h30

🚗 sim   💳 D|M|V   §§§§   🛵 não   📷 não   🕐 sim   ♿ sim

O italiano Danio Braga saiu da operação, mas Lilian Seldin, sua ex-mulher, continua lá, agora associada ao autor de novelas Aguinaldo Silva. Com uma equipe bem treinada por anos, a casa petropolitana continua sendo, seguramente, um dos melhores restaurantes do estado. Bom mesmo é se hospedar por lá, dedicando-se aos prazeres da vida por um dia inteiro. Chegue cedo no sábado e curta

>>

L

lentamente o chá da tarde. Faça uma visita à adega, abra um bom vinho. Há sauna, piscina, um lindo jardim. À noite, o jantar, que apresenta a cozinha italiana sob várias óticas e vertentes, dando um panorama de todas as regiões. As massas feitas ali e os risotos cremosos estão entre os pontos fortes, assim como as carnes: o ossobuco de vitelo, sensacional, vem com garfinho para pegar o tutano. No dia seguinte, o café da manhã bendito, com pães, ovos mexidos e espumante.

Lorenzo Bistrô
Deliciosa simplicidade dos clássicos

Variados

Rua Visconde de Carandaí, 2 – Jardim Botânico
Rio de Janeiro
Tels.: (21) 2294-7830/3114-0855
www.lorenzobistro.com.br
2ª f. a 5ª f., das 12h às 23h30; **6ª f.,** das 12h30 à 0h30; **sáb.,** das 13h à 0h30; **dom.,** das 13h às 17h

🚗 sim   💳 A|M|V $$$ 🏍 não   🚭 sim   📶 sim   ♿ não

Em antítese às cozinhas contemporâneas, o casal Nick Cartolano e João Luiz Garcia faz dessa simpática casinha de esquina no Jardim Botânico um manancial de clássicos, passeando especialmente pela França e Itália. Uma maneira fantástica de se começar é explorar as delícias "importadas" exclusivamente por eles, como o queijo tipo Serra da Estrela produzido em... Petrópolis, realmente muito bom. A lista de entradas é vasta, e fica difícil escolher entre o steak tartar,

>>

a polenta ricordo di Cipriani (com camarões e creme de funghi trufado), as vieiras grelhadas com Parma, os bolinhos de bacalhau, o crostini de foie gras com funghi... Dá para ficar só por ali, com um bom vinho e em boa companhia, falando da vida. Quem quiser experiências gastronômicas mais profundas pode escolher entre o lombo de cordeiro com feijão-branco e o curioso hadock à moda inglesa, feito com curry. Ou o vitelo à milanesa, o confit de canard, o steak au poivre, o polpetone al sugo...

Lua e Mar
Pescados à beira-mar

Pescados, variados, bons e baratos

Rua da Praia, Praia do Canto, Vila do Abraão
Ilha Grande – Angra dos Reis
Tels.: (24) 3361-5113/3361-5761
www.ilhagrande.org/luaemar
2ª f. a dom., das 10h às 22h (exceto quarta-feira)

🚗 não   💳 A|D|M|V $$$$ 👥 não   🚭 não   🌙 sim   ♿ não

No canto direito à praia do Abraão, na Ilha Grande, relativamente afastado do agito (menos nas temporadas mais cheias, quando fica lotado), o Lua e Mar é o melhor restaurante ilhéu. É para se comer com o pé afundado na areia, nas mesas espalhadas na praia, à sombra de uma árvore. Entre um gole de cerveja gelada ou caipirinha e umas bicadas no pastel de camarão, dá para se refrescar

>>

na água do mar. É um boteco, mas com ótima comida. Peça o peixe com banana e seja feliz. À noite, tem até luz de velas. O Lua e Mar é uma ode à simplicidade.

Majórica

Carnes, cozinha tradicional

Rua Senador Vergueiro, 11 – Flamengo – Rio de Janeiro
Tels.: (21) 2205-6820/2205-0205
dom. a 5ª f., das 12h à 0h; **6ª f. e sáb.,** das 12h à 1h

🚗 sim 💳 A|D|M|V 💲💲💲 🐾 não ❌ não Ⓝ não ♿ sim

Um dos melhores endereços do Rio para se entregar aos prazeres da carne. Ainda que bastante espaçoso, o restaurante vive cheio, com fila na porta nos fins de semana. O motivo não são apenas as carnes, embora elas sejam a principal atração da casa. Há bifinhos de porco à milanesa, tortilla, postas de bacalhau, omeletes, polvo com arroz de brócolis, pratos com cordeiro... Mas a estrela do lugar são mesmo os cortes que ficam expostos no balcão refrigerado até irem para a imensa grelha, que domina a paisagem do salão. A chuleta é fantástica. Também fazem bonito a picanha (servida em três cortes: prove a ponta), o T-bone, o pinchito de mignon, a fraldinha e as linguicinhas de início de percurso. Para acompanhar, guarnição à Oswaldo Aranha, batatinha suflê, farofa de alho e arroz maluco; perfeitos coadjuvantes para carnes gloriosas.

Málaga

Cozinha tradicional, variados, alemã

Rua Miguel Couto, 121 – Centro – Rio de Janeiro
Tel.: (21) 2253-0862 | www.malaga.com.br
2ª f. a 6ª f., das 12h às 21h

🚗 não   💳 A|D|M|V $$ ✂ sim   ❌ sim   🕐 sim   ♿ não

O restaurante Málaga fica lotado todos os dias úteis na hora do almoço. Isso porque serve pratos fartos, com execução segura e utiliza bons ingredientes. Méritos do dono, seu Augusto Vieira, que bate ponto lá todos os dias, como muitos de seus clientes, grande parte deles executivos engravatados que se fartam com o leitãozinho assado das quintas-feiras (ou sob encomenda) e os risotos. O cardápio é bem variado, composto por pratos brasileiros, portugueses, italianos, espanhóis, franceses e alemães. Assim, desfilam pelo salão receitas como churrasco à Oswaldo Aranha, bacalhau à Zé do Pipo, risoto de pato, paella e eisbein com chucrute, entre muitos outros. A paleta de cordeiro, assada lentamente, é um clássico. Para sobremesa, Romeu e Julieta, petit gâteau e apfelstrudel.

Manjericão

Pizza pioneira

Pizzas

Rua Dr. Flávio Bortoluzzi Souza, 314 – Alto – Teresópolis
Tel.: (21) 2642-4242
http://manjericaocasadepizza.wordpress.com
5ª f., das 18h às 23h; **6ª f.,** das 18h à 0h;
sáb., das 12h à 0h; **dom.,** das 12h às 23h

não   A|D|M|V $$$ não   não   não   não

Desde o comecinho dos anos 1990, a Manjericão serve algumas das melhores pizzas do Rio de Janeiro. Em uma agradável casa de esquina no Alto, em Teresópolis, com forno a lenha e ingredientes bem selecionados, a pizzaria ensinou os cariocas a comerem pizza de massa fina, cobertura bem pensada e, é claro, sem ketchup. Hoje temos várias pizzarias nessa linha. A Manjericão foi a primeira a deixar o pizzaiolo à mostra, com cozinha envidraçada. Quase nada mudou desde a inauguração, e a pizza que leva o nome do lugar, com molho pesto, continua sendo uma das mais vendidas. Outra boa pedida é a que combina três tipos de cogumelo. A de queijo de cabra (da Cremerie Genève – ver p. 128 –, claro) também está entre as mais originais. Muito boa.

Margarida Café

Variados, pizzas

Praça do Chafariz, s/nº – Centro Histórico – Paraty
Tel.: (24) 3371-2441 | www.margaridacafe.com.br
dom. a 5ª f., das 12h à 0h; **6ª f. e sáb.,** das 12h à 1h

🚗 não   💳 A|D|M|V   💲💲💲   ♿ não   ❌ não   Ⓢ sim   ♿ não

O Margarida Café, nas bordas do Centro Histórico, ocupa um lindo casarão, com direito a jardim de inverno, palco para shows intimistas, forno a lenha para pizzas, cozinha aberta e uma linda adega, com mesinha dentro e tudo (o que é muito bom nos dias mais quentes e abafados do verão). É um lugar para se ir com os mais variados desejos. Um belo capuccino (a parte dos cafés é ótima) de manhã, uma cervejinha no meio da tarde ou um jantar com pizzas bem assadas. O cardápio tem desde tapas espanholas e trouxinhas won ton do Vietnã até pato confit, paella, ravióli de brie e risoto de cogumelos com mignon.

Margutta

Do Vêneto à Ligúria

Cozinha italiana, pescados

Avenida Henrique Dumont, 62 – Ipanema – Rio de Janeiro
Tel.: (21) 2259-3718 | www.margutta.com.br
2ª f. a 6ª f., das 18h à 1h; **sáb.,** das 12h à 1h;
dom., das 12h à 0h

sim   A|D|M|V $$ sim   não   sim   não

Filial Avenida Graça Aranha, 1, 2º andar – Centro – Rio de Janeiro | Tel.: (21) 2563-4091
2ª f. a 6ª f. (exceto feriados), das 11h às 16h

Porto seguro para peixes e frutos do mar, o Margutta apresenta a mais fina linha da gastronomia marítima italiana. É como ir do Vêneto à Ligúria, percorrendo o litoral do país, cidade a cidade. O cardápio, como convém a uma casa de pescados, muda com a regularidade das redes e dos anzóis, trazendo à mesa pratos sazonais regularmente. Quando as vieiras chegam aos montes, podem ser servidas na frigideira, ao molho de limões e ervas frescas picadinhas. Há carpaccio de peixe sem sobressaltos e polvo a vinagrete. As massas com lagosta e tomate quase sempre estão disponíveis, e os peixes frescos, como pouco se vê na cidade, viram belas pedidas em diversos acompanhamentos: o molho com camarões e vieiras salteados no vinho branco com limão é um dos melhores.

>>

A cavaquinha, quando assada no forno ao vinho branco, fica um espetáculo. Tem uma filial no Centro – o Margutta Cittá – quase do mesmo nível.

Mekong Bar

Cozinha asiática

Rua General Urquiza, 188-A – Leblon – Rio de Janeiro
Tel.: (21) 2529-2124 | www.mekong.com.br
3ª f. a 5ª f., das 12h à 0h; **6ª f.,** das 12h à 1h; **sáb.,** das 9h à 1h; **dom.,** das 9h à 0h

Na irresistível onda dos bares de tapas, o Mekong olhou para o Oriente e criou um cardápio asiático composto de receitas de vários países. A cozinha faz um *tour* por Vietnã, Índia, China, Tailândia e Malásia. A divisão é bem bolada, e temos uma seção dedicada à street food. As ruas da Tailândia fornecem bolinhos de peixe, ao passo que as do Vietnã mandam rolinhos de arroz, entre outras porções. Os sanduíches tendem ao exotismo: um deles mescla mignon de porco, maionese, patê de campagne (lembrem-se de que a França colonizou o Vietnã), coentro e picles de cenoura no pão... francês. O cardápio vai sendo montado com boas lembranças desses países: tem curry de cordeiro da Índia, talharim de arroz com carne e broto de feijão, da China, e por aí vamos.

Meza Bar
Para jovens gourmets

Cozinha contemporânea, drinques

Rua Capitão Salomão, 69 – Humaitá – Rio de Janeiro
Tel.: (21) 3239-1951 | www.mezabar.com.br
2ª f. a 4ª f., das 18h à 0h; **5ª f.,** das 18h à 1h; **6ª f. e sáb.,** das 18h às 2h

sim | A|D|M|V | $$$ | não | não | sim | não

O Meza é um bar moderno, para a geração de jovens que não se contentam mais com cerveja e batata frita. É para a rapaziada que quer sair para bater papo, ver gente interessante, comer bem e beber, porque a carta de drinques está entre as melhores da cidade. Lá, os pratos são daqueles ideais para dividir, com uma seleção de petiscos de respeito para quem aprecia a boa mesa. Tem bolinho de risoto de açafrão com queijo e molho pesto, carne-seca na manteiga de garrafa com purê de banana-da-terra e couve, polenta com ragu de calabresa e pimenta dedo-de-moça e calabresa artesanal no vinho tinto com alecrim e cebola roxa. Que tal?

Miam Miam
Moderno, mas acolhedor

Cozinha contemporânea, drinques

Rua General Góes Monteiro, 34 – Botafogo – Rio de Janeiro
Tel.: (21) 2244-0125 | www.miammiam.com.br
3ª f. a 5ª f., das 19h30 à 0h; **6ª f.,** das 19h30m à 1h; **sáb.,** das 20h à 1h30

sim | A|D|M|V | $$$$ | não | não | sim | não

O Miam Miam inaugurou uma tendência: os bares moderninhos de Botafogo, instalados em casas antigas, com garçons tatuados, drinques exuberantes, decoração "bacanuda" e, o que é melhor, boa comida. Vieram outros, mas o pioneiro continua sendo um dos melhores. É bonito, com móveis dos anos 1950. Aproveite os sofás *vintage* da entrada e prove os rolinhos de rosbife com rúcula e parmesão, os sonhos de batata com picadinho de mignon, o gratin de berinjela com queijo de cabra e tomate confit. No final, jamais resista aos minichurros com doce de leite. Jamais. Para incrementar a brincadeira, invista nos drinques: o Martini de lichia é muito bom.

Mike's Haus — Como se fosse a Baviera

Cozinha alemã, cervejarias

Rua Almirante Alexandrino, 1.458 – Santa Teresa – Rio de Janeiro
Tel.: (21) 2509-5248 | www.mikeshaus.com.br
3ª f. a dom., das 12h à 0h

não   A|M|V $$ não   não   sim   não

Filial Rua Paschoal Carlos Magno, 90, loja 1 – Santa Teresa – Rio de Janeiro
Tel.: (21) 2507-4864
3ª f. a dom., das 16h à 1h

O Mike's Haus é um enclave alemão em plena Santa Teresa, em uma parte menos movimentada do bairro. Como se fosse na Baviera, as pessoas bebem Erdinger aos montes, que sai da torneira de chope, raridade no Brasil. A carta de cervejas, se não é tão extensa quanto em outros lugares, ao menos tem sempre opções incomuns, alemãs ou de outros países com tradição no riscado, como a República Tcheca. A cozinha não

>>

poderia ser diferente: tem especialidades germânicas, como as salsichas, o eisbein, o kassler, com salada de batata e chucrute, mas foge da obviedade, ao servir receitas em extinção, como o labskaus, que ganha um pouco de arenque. A gulaschsuppe é uma ótima sopa de carne com páprica. Em 2010, a marca chegou ao bochicho de Santa, com uma filial perto do Largo dos Guimarães. A segunda unidade, Mike's Haus Imbiss, está localizada em uma simpática casa de esquina com piso quadriculado, que preservou os armários da antiga mercearia que ali funcionava.

Mil Frutas   Maravilhas geladas

Sorveterias

Rua J.J. Seabra, s/nº – Jardim Botânico – Rio de Janeiro
Tel.: (21) 2511-2550 | www.milfrutas.com.br
dom. a 5ª f., das 9h30 à 0h30; **6ª f. e sáb.,** das 10h30 à 1h

 não ⊟ D | M $ sim não não não

Filiais
Rua Garcia D'Ávila, 134-A – Ipanema – Rio de Janeiro
Tel.: (21) 2521-1384
2ª f. a 5ª f., das 10h30 à 0h; **6ª f. e sáb.,** das 10h30 à 1h30; **dom.,** das 9h30 à 0h

Avenida Afrânio de Melo Franco, 290, 4º piso – Leblon – Rio de Janeiro (Shopping Leblon)
Tel.: (21) 3875-1830
2ª f. a 5ª f., das 9h30 à 0h; **6ª f. e sáb.,** das 9h30 à 1h; **dom.,** das 12h à 0h

Estrada da Gávea, 899, 1º piso – São Conrado – Rio de Janeiro (Fashion Mall)
Tel.: (21) 3322-5417
2ª f. a dom., das 10h às 23h

>>

Avenida das Américas, 7.777, 2º piso – Barra da Tijuca – Rio de Janeiro (Rio Design Barra)
Tel.: (21) 3328-2513
2ª f. a 5ª f., das 9h30 às 22h; **6ª f. e sáb.,** das 10h às 23h; **dom.,** das 12h às 21h

BR 101, Km 123 – Píer do Canal – Angra dos Reis (Condomínio Porto Frade)
Tel.: (21) 9825-5903
6ª f., das 17h às 23h; **sáb.,** das 14h à 0h; **dom.,** das 14h às 22h

Rua José Ribeiro Dantas, 362, loja 5 – Orla Bardot – Búzios
Tel.: (22) 2623-6436
2ª f. a dom., das 11h às 2h

Canela com gengibre, jabuticaba, iogurte com amora, laranja-da-terra com mascarpone, nozes com ovos-moles, damasco com tomilho, pera com vinho, chocolate com uísque. Dá para imaginar que toda essa lista são sabores de sorvetes? Pois são apenas uma mínima parte das receitas produzidas pela Mil Frutas, hoje uma rede consolidada de sorveterias, com lojas no Rio de Janeiro, em Angra dos Reis, Búzios e São Paulo. Um fenômeno. Além da paleta fixa de sabores, o cardápio sempre recebe novidades ou mesmo edições temáticas (no São João tem pé-de-moleque; no Natal tem rabanada e Christmas cake, e por aí vai).

Mok

Meio japa, meio moderno

Cozinha contemporânea

Rua Dias Ferreira, 78-B – Leblon – Rio de Janeiro
Tel.: (21) 2512-6526 | www.moksushi.com.br
2ª f. a sáb., das 19h à 1h; **dom.,** das 13h às 23h30
🚗 sim 🖥 A|D|M|V 💲💲💲 ♿ não 🚭 não 🚬 sim ♿ não

>>

M

A saída do chef Pierre Landry foi um desfalque, mas o restaurante do Leblon já tinha se estabelecido como um dos bons endereços para um jantar leve, com pegada contemporânea. Suas criações ficaram no cardápio, para nossa sorte. O Mok propõe uma refeição em que se destaca a delicadeza dos pescados. O cardápio tem forte inclinação nipônica, com sushis, sashimis e afins, e outra parte mais voltada à cozinha moderna. Uma ótima pedida são os espetinhos de alecrim, que trazem vieira e cavaquinha acompanhados de sorbet de tomate. O mix de cogumelos com chantili de trufas é um acerto, ao passo que o carpaccio de lagostin com bavaroise de salmão e creme de ouriço é surpreendente e curioso. Também há pratos maiores, como o peito de pato curado em sal grosso com especiarias acompanhado por espaguete de abobrinha ao molho de cacau. Os menus degustação são boas opções. A carta de saquês tem raridades e vale a pena ver também a de drinques. Muito boa.

Mônaco

Pescados, pós-praia

Rua Miguel Lemos, 18 – Copacabana – Rio de Janeiro
Tels.: (21) 2521-0195/2267-0405 | www.restaurantemonaco.com.br
2ª f. a dom., das 7h até o último cliente

🚗 não 💳 A|D|M|V $$$ 🐾 sim 🌬 sim 🕐 sim ♿ sim

O Mônaco é um típico boteco pós-praia de Copacabana: serve chopes aos montes acompanhados de petiscos marinhos, e a clientela é uma turma de sunga e biquíni, em grande parte assídua. Mas é também um restaurante à moda antiga dedicado a peixes e frutos do mar. O chope sai bem gelado, para

>>

acompanhar pastéis de siri e empadas de camarão. A vitrine refrigerada guarda boa parte dos petiscos, como o polvo e os mariscos a vinagrete, e também os pescados que repousam antes de irem à panela. Caso queira, você pode escolher o peixinho ali. O cherne grelhado é infalível. O cardápio traz ainda paella valenciana, polvo ao alho, lulas ao Catupiry e escondidinho de camarão.

Mosteiro — Entre Brasil e Portugal

Cozinhas portuguesa e tradicional

Rua São Bento, 13 – Centro – Rio de Janeiro
Tels.: (21) 2233-6478/2233-6426
www.mosteirorestaurante.com.br
2ª f. a 6ª f., das 11h às 16h

🚗 não ⬭ A|D|M|V $$$$ ♟ sim ✖ não 🕑 sim ♿ sim

Clássico e classudo, o restaurante do português José Temporão foi inaugurado em 1964, no Centro do Rio, perto do Mosteiro de São Bento (visita imperdível). Garçons e clientes usam gravata. Tradicional, tem cardápio variado que transita entre Brasil e Portugal. Para início de conversa, quando o garçom oferecer as empadas de camarão, jamais recuse. São ótimas. Os bolinhos de bacalhau também. Depois deles, o cardápio apresenta algumas receitas com o peixe, que são sempre pedidos certeiros. São dez, no total, entre elas o Mosteiro (grelhado, com brócolis, cebola, ovo e batatas cozidas), o à Zé do Telhado (lascas grelhadas com cebola, azeitona, batatas, pimentão e gratinado) e a fritada de bacalhau à Jair Coser (lascas de bacalhau, ovos, cebolinha, salsa, tomate e batatas cozidas). O polvo grelhado também não

>>

falha. Há pratos elegantes, como o hadoque escocês defumado à beurre noir (cozido ao leite com batatas) e o risoto de camarão VG à Don Rivera (com arroz, tomate, cebola e ervilhas em grão). É vistosa e muito boa a espetada mista de frutos do mar, com polvo, lulas, camarão, peixe, pimentão e cebola. Não poderia faltar moqueca de peixe nesse balaio. Tem até camarão com Catupiry e uma boa seleção de carnes, com ótimos filés, e arroz de pato. Para terminar gloriosamente, barriga de freira, toucinho do céu ou pastel de nata.

Mr. Lam China chique

Cozinha chinesa, drinques

Rua Maria Angélica, 21 – Lagoa – Rio de Janeiro
Tel.: (21) 2286-6661 | www.mrlam.com.br
2ª f. a 5ª f., das 19h à 0h30; **6ª f. e sáb.,** das 19h à 1h30; **dom.,** das 13h às 23h30

sim | A|D|M|V | $$$$ | sim | não | sim | sim

O suntuoso restaurante do empresário Eike Batista prepara uma cozinha chinesa que impõe respeito, como o guerreiro de Xiuam, que nos dá as boas-vindas. O serviço é muito bom, com destaque para a área de vinhos, sob o comando do ótimo sommelier Eder Heck (a carta de drinques também é excelente). Muito se fala do pato Pequim, servido com panquequinhas para serem montadas na hora, que, de

>>

fato, é muito bom. Contudo, o melhor é o filé mignon empanado, macio que só ele, servido com um molho apimentado sensacional. O ideal é percorrer o cardápio com calma, indo para os clássicos da casa. Comece com os espetinhos de frango em molho cremoso de curry e amendoim, esbalde-se nos camarões com molho agridoce e picante (Mr. Batista's prawns) e prove os noodles do Mr. Lam, encerrando com os já citados filé empanado e pato Pequim. Há boas sobremesas, como a cocada branca com maracujá, que parece um ovo frito.

Nam Thai — A Tailândia e arredores

Cozinhas tailandesa e asiática

Rua Rainha Guilhermina, 95 – Leblon – Rio de Janeiro
Tels.: (21) 2259-2962/2259-3172 | www.namthai.com.br
2ª f., das 19h à 0h; **3ª f. a dom.,** das 12h às 16h e das 19h à 0h

🚗 sim 💳 A|D|M|V $$ 👥 sim 📷 não 🦪 sim ♿ não

O Nam Thai iniciou a carreira como restaurante tailandês, mas recentemente expandiu as fronteiras, e hoje pode ser considerado pan-asiático. Inaugurado em 1998, em Itaipava, migrou para o Leblon três anos depois, instalando-se em um recanto pequenino da Rua Rainha Guilhermina. A casa de David Zisman tem cozinha caprichada, que é certeira no tempo de cozimento dos pratos e infalível nos temperos: dois pontos fundamentais na culinária asiática. Começar com dim sum é fundamental. Tente o de camarão com shitake e porco. Observe os símbolos que indicam o "grau de ardência" dos pratos. Para os pimenteiros de plantão, vale investir no mignon fatiado no leite de coco com amendoim e curry de massaman,

>>

aromatizado com anis e canela, dotado de cotação máxima. A lista de sobremesas é curta, com sugestões acertadas como a abóbora recheada com creme de coco e calda de caramelo, e frutas cítricas com coco queimado.

Nova Capela Bendito cabrito

Cozinha tradicional

Avenida Mem de Sá, 96 – Lapa – Rio de Janeiro
Tels.: (21) 2252-6228/2508-8493
2ª f. a dom., das 11h às 5h

🚗 não 💳 A|D|M|V $$ ♿ não 🚭 sim 🕐 não ♿ não

O cabrito mais famoso do Brasil, servido com muito alho frito, é razão mais que suficiente para se visitar o Nova Capela, restaurante que acompanha a boemia da Lapa e fecha lá pelas altas horas da madrugada. A carne fica exposta em um balcão e é aquecida na hora, na frigideira, ganhando uma casquinha daquelas crocantes, com interior macio, desfiando-se. Uma espécie de frango à passarinho em versão ovina. Para acompanhar, o mais comum é pedir arroz de brócolis e batatas coradas, formando um trio perfeito. A carne é gorda, mas, ainda assim, vale jogar azeite (e pimenta) no arroz. Tudo vai ficar melhor. O chope escolta perfeitamente os bolinhos de bacalhau, sempre pedidos.

>>

O cardápio também tem um concorrido javali assado. Nas noites, há boemios que escolhem a canja, prevenindo uma possível ressaca.

O Caranguejo
O bom é o balcão

Pescados, botecos, pós-praia

Rua Barata Ribeiro, 771 – Copacabana
Rio de Janeiro | Tels.: (21) 2235-1249/2236-1352
www.restauranteocaranguejo.com.br
2ª f. a dom., das 8h à 1h

🚗 não   💳 A|D|M|V $$$$ 🍷 sim   🚭 não   🕐 não   ♿ sim

Você pode pedir uma mesa e se acomodar no pequeno salão aberto para o movimento da Rua Barata Ribeiro, até porque experimentar o bicho que dá nome à casa, quebrado com martelinho, não é lá algo muito confortável para se fazer de pé. Mas o melhor mesmo do Caranguejo é ficar postado junto ao balcão, ou nas mesinhas do lado de fora, pedindo quantos chopes forem necessários para acompanhar os salgadinhos expostos na vitrine aquecida. A empada de camarão é campeã de pedidos e vive ganhando prêmios de melhor da cidade. Pastel de camarão e caldo de siri completam uma lista de acepipes perfeitos para acompanhar as rodadas de chope. Se a fome for grande, vale investir nos pratos

>>

de pescados, sempre frescos e de boa procedência, como os enormes camarões à provençal, o badejo à Belle Meunière e o polvo com arroz de brócolis.

O Fino da Roça
Delicatéssen natural

Delicatessens

Estrada Maringá-Maromba, s/nº – Visconde de Mauá – Resende
Tel.: (24) 3387-1719
2ª f. a 6ª f., das 10h às 20h; **sáb. e dom.,** das 10h às 23h

🚗 não 💳 M|V 💲 🏍 não ⓧ não 🕐 não ♿ não

O Fino da Roça é uma delícia, a começar pelo nome. Essa charmosa delicatéssen rural de Visconde de Mauá vende pães, queijos, geleias e compotas, cachaças, biscoitos, temperos, mel, pimentas, bolos... O dono, César Ferreira, inventou um licor de pinhão, feito com o fruto da araucária, símbolo da cozinha local. A casa serve chás, cafés, comidinhas e sopas, para rebater o frio. A lojinha na localidade de Maringá, além do repertório de gostosuras, é aconchegante.

O Navegador
Pompa e boa mesa

Cozinha brasileira, variados

Avenida Rio Branco, 180 – Centro – Rio de Janeiro (Clube Naval)
Tel.: (21) 2262-6037 | www.onavegador.com.br
2ª f. a 6ª f., das 11h30 às 15h30

🚗 não 💳 M|V 💲💲💲💲 🏍 não ⓧ não 🕐 sim ♿ sim

Existe certa pompa em almoçar no restaurante da chef Teresa Corção, que funciona no Clube Naval, em uma esquina da Avenida Rio Branco: a subida pelo elevador antigo que mantém ascensorista, os clientes engravatados, os vitrais, a atmosfera militar... Para saladas, O Navegador é hoje um dos melhores lugares da cidade, com ingredientes orgânicos sempre frescos e vistosos. Contudo, o bom mesmo é explorar as receitas do Brasil. A cozinha é de primeira linha. Quase todo o país está contemplado: tem caldinho de feijão, bobó de camarão, peixe no tucupi e picadinho. A chef é uma ativista social, com bela atuação na divulgação da cozinha brasileira, especialmente da mandioca, e fundadora do Instituto Maniva, ONG dedicada a utilizar a culinária como instrumento de inclusão social.

O Pescador · Mesinhas na areia e boa comida

Pescados

Rua da Praia, 647, Vila do Abraão – Ilha Grande – Angra dos Reis
Tel.: (24) 3361-5114 | www.opescador.org
2ª f. a sáb., das 17h às 22h30

🚗 não   🍽 A|D|M|V   💲💲   🏍 não   🎍 não   🕙 sim   ♿ não

O Pescador é apenas mais uma das muitas pousadas da Ilha Grande, de frente para a Praia do Abraão, simples. Mas o restaurante que funciona no térreo está entre os melhores do lugar e foge um pouco da fórmula reinante peixe frito--arroz-feijão-salada, servindo receitas mais elaboradas. A especialidade não poderia ser diferente: peixes e frutos do mar, tratados com alguma inspiração italiana, com boa seleção de massas. O salão fica camuflado por plantas e há mesinhas espalhadas na areia, ótimas para um jantar romântico – desde que

>>

não estejamos em feriados ou na alta estação. Nessa época, o movimento na rua faz com que a parte interna seja a mais agradável.

O Quiosque

Variados

Estrada do Rocio, 3.501 – Rocio – Petrópolis
Tel.: (24) 2291-5629
sáb. e dom., das 12h até o último cliente

🚗 sim   🚭 não $$$ 🏍 não   ❌ não   🕐 sim   ♿ não

O Quiosque está longe de ter a badalação dos restaurantes de Itaipava. É quase um segredinho. A varanda de frente para um pequeno lago rodeado pela mata e com patinhos a nadar é uma delícia, com mesas forradas com toalhas quadriculadas, pratos e guardanapos coloridos. O atendimento, cordial e simpático, é comandado pela proprietária, que se divide entre a cozinha e o salão com paredes envidraçadas, valorizando a vista. Nessa agradável casa no Rocio, quase na descida da Serra, o cardápio é gostoso como o lugar e apresenta receitas aconchegantes, como a língua de boi com purê de baroa, o bobó de camarão e o cassoulet. O pato também é ótimo, e não se preocupe: não são aquelas gracinhas que nadam no laguinho.

Oliveiras da Serra

Cozinha portuguesa

Estrada Bernardo Coutinho, 3.575 – Araras – Petrópolis
Tel.: (24) 2225-0520 | www.oliveirasdaserra.com.br
3ª f. a 5ª f., das 12h às 22h; **6ª f. e sáb.,** das 12h às 23h;
dom., das 12h às 22h

sim   A|D|M|V $$$ sim   não   sim   não

Hoje parece ser a melhor cozinha lusitana de Petrópolis, que tem tradição na modalidade. Também ganha pontos a localização: um terreno bonito e arborizado em Araras, dividido com mais dois bons restaurantes. O Oliveiras da Serra serve bolinhos de bacalhau perfeitos. A casa com certeza é tão portuguesa que não há cardápio, mas ementa, onde estão listados pratos clássicos. Há muitas receitas de bacalhau, ora pois, como à Zé do Pipo (refogado com cebola, alho e preparado ao forno, com purê de batata e maionese), à Bras (desfiado e com ovos, azeitonas pretas, batata palha, cebola e alho) e à espanhola (em lascas, com batatas, ovos cozidos e refogado de cebola e alho). O pernil de cabrito tem fãs ardorosos; o cozido é feito sob encomenda, e a lista de doces, irresistível. Aqui tem tudo o que você imagina, muito bem elaborado: ovos moles, toucinho do céu, dom Rodrigo, pastel de nata...

Olympe

A casa do Claude

Cozinha francesa, variados, para grandes ocasiões

Rua Custódio Serrão, 62 – Jardim Botânico – Rio de Janeiro
Tel.: (21) 2539-4542
2ª f. a 5ª f., das 19h30 à 0h30; **6ª f.,** das 12h às 16h
e das 19h30 à 0h30; **dom.,** das 19h30 à 0h30

🚗 sim 💳 A|M|V 💲💲💲💲 🛵 não 🚫 não 🕐 sim ♿ não

Claude Troisgros é o mais carioca dos franceses. Dono de outros três restaurantes, é no Olympe, batizado em homenagem à sua mãe, que ele mostra por que é um dos melhores chefs do Brasil. Criativo e preciso, de sua cozinha, que pode ser observada do salão, saem receitas que mesclam com equilíbrio e graça alguns ingredientes brasileiros com a mais apurada técnica francesa. O restaurante passou por reforma recentemente, obra que expôs os tijolinhos da casa, dando bossa ao ambiente com poucas mesas. Para começar, biscoitinho de polvilho ao curry. O cardápio é dividido em duas partes: uma dedicada aos clássicos de Troisgros, como a codorna recheada ao molho de jabuticaba, outra voltada aos novos pratos e às criações sazonais. Entretanto, o melhor mesmo é se deixar levar pelas mãos do chef, pedindo o chamado menu confiance, um desfile de preciosidades gastronômicas, fórmula infalível que varia regularmente, misturando pratos novos com receitas consagradas. O cliente também pode, ele mesmo, montar uma degustação, escolhendo quatro pratos e uma sobremesa do menu regular. Às sextas-feiras, é servido um almoço executivo em três etapas, uma maneira mais popular de se experimentar a cozinha da família Troisgros, que, como sabemos, é um dos sobrenomes mais importantes do universo da gastronomia.

Opus
Parece, mas não é

Botecos, sucos

Rua Gonçalves Dias, 80 – Centro – Rio de Janeiro
Tel.: (21) 2252-0604
2ª f. a 6ª f., das 6h30 às 19h

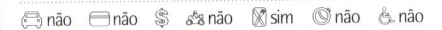 não não $ não sim não não

As frutas penduradas indicam que o lugar é uma casa de sucos. Pode ser, mas não se engane: a razão de uma visita ao Opus são os sanduíches. O pernil suculento com molho saboroso, a carne assada, o tender, tudo fatiado na hora, recheando sanduíches generosos finalizados na chapa. No tempero bem dosado sobram cebolas. Estas, "desmaiadas" no molho farto que transborda das travessas, são a grande bossa dos acepipes que levaram o endereço às listas de melhores botecos da cidade. Um queijinho prato, opcional, cai bem. Também há opções de calabresa, provolone e salaminho, mas bom mesmo são os feitos com as carnes preparadas no local. Para acompanhar, um chope bem tirado ou um suquinho, se você preferir.

O

Original do Brás

Botecos

Rua Guaporé, 680, A e B – Brás de Pina – Rio de Janeiro
Tel.: (21) 3866-1313 | www.originaldobras.com.br
3ª f. a 5ª f., das 16h às 23h; **6ª f. e sáb.,** das 13h à
0h; **dom.,** das 13h às 17h

🚗 não 🛋 A|D|M|V 💲 🏍 não 🅧 sim 🕒 sim ♿ não

Um dos mais importantes nomes da nova geração de botecos cariocas atraiu a atenção dos boêmios da Zona Sul para o bairro de Brás de Pina. As paredes de ladrilhos brancos e pretos têm fotos de sambistas, além de violões, cavaquinhos e pandeiros enfeitando o cantinho que presta homenagem a Luiz Carlos da Vila. O ambiente é agradável e, para acompanhar a louvável seleção de petiscos, escolhemos entre o chope bem tirado, as cervejas sempre geladas e uma cachacinha da boa lista com muitos rótulos. O boteco serve clássicos do gênero, como empadinha de camarão e o caldinho de frutos do mar, mas a cozinha tem tarimba para inventar receitas que agregam elementos tradicionais. A carne-seca no anguzinho, o lombo de porco com molho de tamarindo, o jiló recheado com calabresa ao molho de tomate e as iscas de carne de sol com alho são uma demonstração da variedade que a casa oferece.

Oro

Cozinha contemporânea

Rua Frei Leandro, 20 – Jardim Botânico – Rio de Janeiro
Tels.: (21) 2266-7591/7864-9622
www.ororestaurante.com
3ª f. a sáb., das 19h30 à 0h; **dom.,** das 13h às 17h

🛵 sim   A|D|M|V $$$$ não   não   sim   sim

O tempurá de ovo de codorna é perfumado com ar de trufas. O steak tartar vem dentro de uma redoma esfumaçada, com aroma de churrasco, que defuma a carne crua temperada com uma "gema" de parmesão por cima. A carne de sol é acompanhada por pó gelado de manteiga-de-garrafa. A cozinha do Oro causa surpresas, brincando com contrastes de texturas e temperaturas, usando fumaça como tempero e desconstruindo receitas clássicas como a feijoada, o arroz de pato e a massa à carbonara, que ganha uma espuma aveludada de parmesão, ovo caipira no ponto perfeito e linguicinha bem tostada. O chef Felipe Bronze vive a melhor fase da carreira: maduro, com liberdade de criação e muito bem amparado por uma equipe competente liderada por Raul de Lamare, com Cecília Aldaz cuidando dos vinhos com excelência e Lindenberg Junior simpaticamente supervisionando o serviço no salão. As sobremesas são pura diversão, lúdicas, e o que é melhor: gostosas. Logo nos primeiros dias de funcionamento, a casa entrou para a lista de melhores restaurantes do Rio. Merecidamente.

Osteria Dell'Angolo

Cozinha italiana

Rua Paul Redfern, 40 – Ipanema – Rio de Janeiro
Tel.: (21) 2259-3148
2ª f. a 6ª f., das 12h às 16h e das 18h à 1h;
sáb. e dom., das 12h à 1h

🚘 sim ☐ A|D|M|V $$$$ ♟não 🅧não Ⓢsim ♿não

Só o couvert, seguramente um dos melhores da cidade, já justifica uma visita. As opções de antipasti variam de acordo com os ingredientes disponíveis, como deveria ser em qualquer cozinha que se preze, e cada cliente monta sua seleção: tem vinagrete de frutos do mar fresquinhos, feijão com atum, abobrinha e berinjela grelhadas, polenta com gorgonzola, brócolis no azeite com palmito, azeitonas pretas incríveis, ótimos pães quentinhos, azeite dos bons. Uma farra. O cardápio é italianíssimo. Um dos pratos mais famosos é o penne com camarões e a abobrinha em um molho cremoso com açafrão, receita favorita de Chico Buarque, que também curte o linguini ao limão com camarões. Os pratos com pescados, sempre bem frescos, são uma escolha segura (o espaguete com frutos do mar é ótimo). Outras boas sugestões são o risoto de camarão com aspargos, o pernil de vitela com polenta e o fusilli com mascarpone e tomate seco.

Otto

Carnes, cozinha alemã, variados

Rua Uruguai, 380, lojas 22, 23 e 31 – Tijuca
Rio de Janeiro
Tel.: (21) 2268-1579 | www.otto.com.br
2ª f. a 5ª f., das 11h30 à 1h; **6ª f. e sáb.,** das 11h30 às 2h

🚗 não 🍽 A|D|M|V $$ ♟ sim 🎍 sim 🚭 não ♿ sim

Filial Estrada da Barra da Tijuca, 1.636, bloco C, loja A – Barra da Tijuca – Rio de Janeiro
Tel.: (21) 2491-5622
2ª f. a 6ª f., das 17h à 0h; **sáb. e dom.,** das 11h à 1h

O restaurante tijucano de Ottmar Grunewald reserva muitas variantes: tem pratos alemães e um belo repertório de carnes, com um T-bone Wessel de tirar o chapéu. O cardápio é imenso, bastante variado, mas o melhor mesmo é ir por algum desses dois territórios. Seguindo a melhor tradição germânica, tem croquete de carne, pato assado com repolho roxo, salsichões, kassler, eisbein e chucrute alsaciano. No repertório de carnes, a costelinha com chutney é famosa com razão. Filé ao funghi, picanha de cordeiro e contrafilé à Oswaldo Aranha são pedidas certeiras. No mês de abril é realizado um festival de carnes de caça, com capivara, queixada e outros bichos. No inverno é a vez dos fondues. Espere encontrar uma lista de bebidas ótimas, com boa seleção de vinhos, cervejas Eisenbahn e uma carta com 170 cachaças.

Oui Oui

Cozinha contemporânea, variados

Rua Conde de Irajá, 85 – Humaitá – Rio de Janeiro
Tel.: (21) 2527-3539 | www.restauranteouioui.com.br
2ª f., das 12h às 15h; **3ª f. a 6ª f.,** das 12h às 15h e
das 19h30 à 1h; **sáb.,** das 20h à 1h30

sim   A|D|M|V $$ não   não   sim   sim

O Oui Oui tem diversas virtudes, a começar pela localização, em um dos charmosos casarões antigos de Botafogo. A decoração também conta ponto positivo, com mesas e cadeiras diferentes entre si, "combinação descombinada", e certo clima retrô, com mobiliário antigo. Entretanto, o melhor de tudo está mesmo na cozinha, que prepara receitas saborosas, servidas em pequenas porções, o que nos permite provar muitas. A costelinha de porco com purê de abóbora e queijo de cabra é uma beleza, o vol au vent de rabada com mascarpone emociona e o crème brûlée de grana padano é digno de aplausos. O cardápio muda com alguma regularidade e é generoso em boas ideias: tem panela de canjiquinha com porco desfiado; salada de brotos, burrata ao limão e croûtons de alho; mousseline de banana-da--terra com farofa de bacon; risoto de legumes com mascarpone e pesto de ervas; e bacalhau com cebolas, ovos, batata palha e tapenade. Aproveite o bom serviço e a boa carta de vinhos.

Padaria Bassil

Salgados

Rua Senhor dos Passos, 235 – Centro – Rio de Janeiro
Tel.: (21) 3970-1673
2ª f. a 6ª f., das 7h às 18h; **sáb.,** das 7h às 14h

🚗 não 🍽 não 💲 🅿 não ❌ não 🕙 não ♿ não

Quem passa pela porta da Padaria Bassil pode nem reparar, mas a pequena lojinha é uma preciosidade. Dos fornos a lenha saem as melhores esfirras do Rio de Janeiro, com massa delicada e fina e recheio rico, saboroso e úmido, que fica ainda melhor quando molhado com gotinhas de pimenta árabe. Todo o maquinário foi trazido do Oriente Médio, em 1913, pelo libanês que abriu o negócio quando chegou ao Brasil. A esfirra aberta é feita na massa folhada, o quibe também é muito bom, mas a esfirra clássica é insuperável, e o pão árabe também merece ser apreciado. Não saia sem experimentar o manuche, com a base de pão árabe coberta por zátar (um tempero do Oriente Médio), gergelim e azeite. Uma curiosidade: Garrincha era fã da casa nos anos 1960, e, reza a lenda, uma aposta com Jordan, zagueirão do Flamengo, teria resultado nas cores dos ladrilhos do recinto: alvinegros. Se o rubro-negro tivesse vencido, o que quase nunca acontecia na época, as paredes seriam ladrilhadas de vermelho e preto.

Paladino

Botecos

Rua Uruguaiana, 226 – Centro – Rio de Janeiro
Tel.: (21) 2263-2094
2ª f. a 6ª f., das 7h às 20h30; **sáb.,** das 8h às 12h

🚗 não 🍽 não 💲 ♨ não ✗ não Ⓢ não ♿ não

A gente pode ir ao Paladino só para observar o mobiliário antigo de madeira que acomoda muitas conservas e garrafas de bebida, algumas com rótulos desgastados pelo tempo e poeira acumulada. Também se pode ir em reverência aos mais de 100 anos de vida dessa casa na esquina da Uruguaiana com a Marechal Floriano, misto de boteco e mercearia. Ali, no balcão, é lugar para um chope ligeiro, sempre bem gelado e com colarinho correto, só para aplacar o calor de uma tarde de verão. A verdade é que o melhor motivo para visitar a casa é mesmo o omelete de bacalhau, denominado fritada. A receita à base de ovos também pode ser preparada com sardinhas portuguesas, que saem das latinhas que enfeitam a casa direto para a frigideira. Também são servidas porções de queijos e frios, e diversos sanduíches que combinam esses ingredientes.

Palaphita Kitch

Quiosques, cozinha amazônica

Avenida Epitácio Pessoa, s/nº, quiosque 20 – Lagoa
Rio de Janeiro (Parque do Cantagalo)
Tels.: (21) 2227-0837/7841-7843
www.palaphitakitch.com.br
2ª f. a dom., das 18h às 2h

🚗 não 🍽 M|V $$$ 👥 não 🚭 não 🌙 sim ♿ sim

Com localização mais que privilegiada, às margens da Lagoa Rodrigo de Freitas, de cara para o Morro Dois Irmãos, o Palaphita Kitch é um quiosque que precisa ser conhecido. Como se não bastasse a vista, o mobiliário é cheio de charme, com mesas e bancos de madeira, bonitas toalhas e almofadas. A cozinha é instigante, com inspiração amazônica criativa e tratamento moderninho, assim como a trilha sonora. Desse caldo nascem petiscos como o Encontro das Águas, uma terrine de tambaqui com alfavaca servida com dois chutneys: de açaí e de cupuaçu. Tem até carpaccio de jacaré e mujica de tambaqui, um caldo perfumado com ervas, e banana pacovão frita. Para beber, a pedida são as caipirinhas nativas: de graviola com canela, tangerina com mangarataia, cacau com alecrim, cupuaçu, umbu, cajá... Ao lado está o Kanthagalo, dos mesmos donos e com perfil arquitetônico parecido, mas com cardápio voltado aos grelhados: vá de espetinhos de mignon ou peça o filé com palmito pupunha, shitake, manteiga de ervas e molho de soja.

P

Panamá Bar
Borbulhas no botequim

Botecos, pós-praia

Rua Domingos Ferreira, 242-C – Copacabana – Rio de Janeiro
Tel.: (21) 2235-0933
2ª f. a sáb., das 8h à 0h; **dom.,** das 8h às 17h

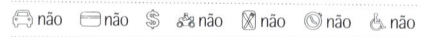 não não $ não não não não

Que tal uma taça de espumante gelado acompanhando uns pastéis de carne deliciosos ou, quem sabe, um caldo de mocotó? No Panamá Bar, escondidinho na Rua Domingos Ferreira, em Copacabana, encontros pouco usuais como esses ocorrem diariamente. No balcão estão porteiros, serventes de obra, professores, advogados e aposentados, que passam alguns minutos, ou horas e horas, a beber e conversar. A cerveja e a batida da casa são os itens mais vendidos, e a boa seleção de cachaças vem logo a seguir. É comum um ou outro cliente pedir uma garrafa de espumante ou um bom tinto português. Assim, é partir para o abraço ao caldinho de feijão e ao jiló, sem deixar de pedir as almôndegas e as sardinhas, vistosas especialidades desse pé-sujo arrumadinho.

Pão & Pão
Paraíso das empadas

Padarias, salgados

Avenida Leopoldina, 412 – Nogueira – Petrópolis
Tel.: (24) 2221-1409
2ª f. a dom., das 8h às 20h

 não não $ não não não sim

>>

Filial Estrada União e Indústria, 10.395 – Nogueira – Petrópolis (Shopping Tarrafa's)
Tel.: (24) 2222-6313
3ª f., das 13h30 às 19h; **4ª f. e 5ª f.,** das 10h às 19h; **6ª f. e sáb.,** das 10h às 20h;
dom., das 10h às 19h

É possível que essa minúscula portinha em Nogueira, Petrópolis, sirva as melhores empadinhas da cidade, todas com o fundo forrado com Catupiry. É quase um segredo sabido apenas pelos *habitués*, que regularmente sobem a Serra. A massa é delicada e os recheios muitas vezes fogem do óbvio: a de berinjela é sensacional. Outra raridade é a de shitake, fantástica. Também tem, claro, a de camarão e a de carne-seca, sempre com o famoso requeijão. Comemos de colherinha, em uma base de madeira, de preferência com gotinhas de pimenta.

Parador Valência
Como se fosse a casa de um amigo

Cozinha espanhola

Rua Celita de Oliveira Amaral, 189 – Itaipava – Petrópolis
Tels.: (24) 2222-1250/2222-4767 | www.valencia.com.br
6ª f. e sáb., das 12h às 23h; **dom.,** das 12h às 19h

🚗 não 💳 A|D|M|V 💲💲💲💲 ✂ sim ✗ não 🕐 sim ♿ não

>>

O Parador Valência é um lugar especial por incontáveis razões. Deixemos a comida, que é ótima, por último. Em primeiro lugar, funciona em uma casinha linda, em uma ruela tranquila de Itaipava. A decoração remete à Espanha, terra natal de Paquito, que se reveza entre cozinha e salão, revelando talento nato como chef e maître, e como contador de histórias. Ir ao Parador Valência é como estar na casa de um amigo que é craque nas panelas. Não dá vontade de sair de lá. Fora isso, temos um cardápio ibérico executado com perfeição. Há tudo de que se possa precisar para uma longa refeição espanhola. Há quem se concentre nas tapas: tortilla, polvo frito ao alho, chorizo caseiro no azeite, coração de alcachofra e favas fritas, iscas de cabrito... A taça de Jerez, melhor companhia para esses petiscos, é servida com uma fina fatia de jamón serrano por cima. Há paellas, naturalmente, e caso você queira ter uma experiência transcendental, ligue na véspera da visita e encomende o cochinillo segoviano, o leitãozinho abatido com duas semanas. Há um bom repertório de pratos de carnes e aves, como o pato com favas, o coelho com amêndoas e a paleta de cordeiro com molho de Jerez. Encerrando o percurso espanhol, crema catalana, leche frita e tarta de Santiago. *¡Olé!*

Parrô do Valentim
Tradição petropolitana

Cozinhas portuguesa e tradicional

Estrada União e Indústria, 10.289 – Itaipava – Petrópolis
Tel.: (24) 2222-1281 | www.parrodovalentim.com.br
3ª f. a 5ª f., das 10h às 22h; **6ª f. e sáb.,** das 10h à 0h; **dom.,** das 10h às 22h

🚗 sim 🍽 D | M | V $$$$ 🛵 não ✕ não 📷 não ♿ não

\>\>

Inaugurado em 1978, é um dos mais clássicos e tradicionais restaurantes de Petrópolis. Passou recentemente por reformas na lojinha que funciona à entrada, que desvirtuou a fachada da simpática casa de Itaipava. Os antigos donos, portugueses e já muito velhinhos, deixaram o negócio, mas, tudo bem, os bolinhos de bacalhau continuam ótimos. São eles a melhor pedida para iniciar os trabalhos. No inverno, o caldo verde é puro reconforto. Para os apreciadores, há sardinhas assadas na brasa e coelho ao vinho tinto. As receitas com bacalhau dominam boa parte do cardápio. A cataplana de cordeiro, amparada por um bom tinto lusitano, é um espetáculo. No final, tudo acaba ao sabor dos doces conventuais que, assim como os bolinhos de bacalhau, são vendidos na tal lojinha, ampliada, mas agora sem charme. Ao menos, tem conteúdo.

Pastoria (28) — Cordeiro abençoado

Cozinha tradicional, variados, bons e baratos, botecos

Rua Barão de São Félix, 28 – Centro – Rio de Janeiro
Tel.: (21) 2263-2438
2ª f. a 6ª f., das 11h às 16h

não · A|D|M|V · $ · não · sim · sim · sim

O nome oficial é Pastoria, mas esse restaurante escondidinho no Centro do Rio é conhecido pelos frequentadores pelo apelido de 28, número da casa onde ele está instalado há décadas, na Rua Barão de São Félix. Nada parece ter mudado ali desde os anos 1960, e, atrás do balcão do bar, a tabela de preços indica cervejas e refrigerantes que não existem há pelo menos uns trinta anos. Inaugurado em 1927, é um endereço certeiro para apreciar um pouco do Rio antigo. E para comer

>>

maravilhosamente bem e barato. O cordeiro é um dos melhores da cidade, com carne junto ao osso cozido em molho de cebola e tomate, servida com batatas coradas perfeitas. Há também ótimas receitas como o polvo à portuguesa, o bacalhau à espanhola, a carne-seca com feijão e o mocotó com feijão-branco.

Pavão Azul Pé-sujo consagrado

Botecos, bons e baratos, pós-praia

Rua Hilário de Gouveia, 71, A e B – Copacabana
Rio de Janeiro
Tel.: (21) 2236-2381 | www.pavaoazul.com.br
2ª f. a sáb., das 12h à 0h; **dom.,** das 12h às 20h

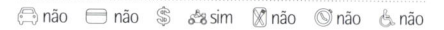

🚗 não 💳 não 💲 ♨ sim ✗ não 🚭 não ♿ não

Um boteco dos mais aclamados da cidade, que não se cansa de conquistar prêmios de melhor pé-sujo. Vive lotado, o que obrigou os proprietários a comprarem uma lojinha quase defronte para acomodar a clientela que busca quitutes como as pataniscas de bacalhau, sequinhas, saborosas e regadas com azeite e pimenta – na companhia de cerveja bem gelada. O melhor é ficar nas mesinhas espalhadas pela calçada, vendo a vida de Copacabana passar e beliscando algumas delícias. Peça caldinho de feijão, pastel de camarão etc. Outro objeto de desejo é o farto e vistoso arroz de camarão, que nos tempos

>>

pré-fama eram servidos apenas aos sábados. Hoje esse é um privilégio do arroz de polvo, que vem ganhando adeptos. Fique de olho nos pratos do dia: às quintas-feiras e aos sábados, tem uma disputada rabada que vou te contar...

Pérgula Vale provar meu brunch

Variados, bufês

Avenida Atlântica, 1.702 – Copacabana – Rio de Janeiro (Copacabana Palace Hotel)
Tel.: (21) 2548-7070 | www.copacabanapalace.com.br
2ª f. a 5ª f., das 7h à 0h; **6ª f. e sáb.,** das 7h às 2h; **dom.,** das 7h à 0h

sim | A|D|M|V | $$$$ | não | não | sim | sim

Com vista para a piscina do Copacabana Palace, o Pérgula é um restaurante especial para qualquer dia. Entretanto, não resta dúvida de que o brunch de domingo é o evento de gala da casa. Salão lotado com gente elegante saboreando espumantes. O bufê imenso traz ostras frescas e caviar com blinis, salada de camarões vistosos, só para começar. Há frios e queijos de ótima procedência, com roquefort, presunto cru, brie, grana padano... Há um balcão com saladas e pratos quentes, que se revezam semana a semana, e uma estação de massas feitas na hora. Além de tudo, se der na telha comer um filé com fritas, ou um waffle, ou um omelete; eles providenciam na hora. Para encerrar,

>>

uma colorida e sedutora coleção de docinhos de todo tipo. O cardápio regular é variado e tem a supervisão do chef Francesco Carli, que assina os pratos.

Petit Paulette

A excelência do jiló

Botecos

Rua Barão de Iguatemi, 408-A – Praça da Bandeira – Rio de Janeiro
Tel.: (21) 2502-2649 | www.petitpaulette.com.br
3ª f. a dom., das 12h à 0h

🚗 não 💳 M|V 💲💲💲 🅿️ não 🚬 sim 🚭 não ♿ não

Muita gente que não consegue lugar no Aconchego Carioca (ver p. 38), quase em frente, acaba indo parar no Petit Paulette. Contudo, esse boteco é mais que isso. Há algumas das receitas mais interessantes criadas nos últimos tempos, a começar pelo croquelete, com recheio de queijo e carne, tudo empanado na farinha de torresmo, servido com molho agridoce apimentado: um espetáculo. O jiló crocante que vem junto com a copa loma também brilha. O ingrediente amargo, a que tanta gente tem aversão, é especialidade da casa: prove o jiló recheado de queijo e calabresa, afogado em molho espesso de tomate. Sensacional. Ali, os bolinhos de feijoada, mania na cidade, têm o torresmo do lado de fora, revestindo a massa (mesma técnica usada no tal croquelete). Para acompanhar, um bom repertório de cervejas especiais.

Polis Sucos

Sucos, sanduíches, café da manhã, comidas rápidas

Rua Maria Quitéria, 70 – Ipanema – Rio de Janeiro
Tel.: (21) 2247-2518 | http://polissucos.com
dom. a 4ª f., das 7h à 0h; **5ª f., 6ª f. e sáb.,** das 7h às 2h

 🚗 não 🍽 não $ 👥 sim 🅿 sim 🕐 não ♿ não

Filiais

Rua Jardim Botânico, 605 – Jardim Botânico – Rio de Janeiro
Tel.: (21) 3114-6668
2ª f. a 5ª f., das 8h à 1h; **6ª f. e sáb.,** das 8h às 2h; **dom.,** das 8h à 0h

Avenida das Américas, 4.666, 1º piso – Barra da Tijuca – Rio de Janeiro (BarraShopping)
Tel.: (21) 3089-1380
2ª f. a sáb., das 10h às 21h; **dom.,** das 13h às 21h

Após quatro décadas servindo sucos e sanduíches aos moradores de Ipanema, é uma das lanchonetes clássicas do Rio de Janeiro. Uma ótima parada para recarregar as energias antes ou depois da praia. Para beber, vitamina tutti frutti, vitamina de banana com aveia e uma lista de sucos bem farta, na qual se destacam as combinações da casa: a Espetacular leva uva, abacaxi e água de coco; a Polis Folia tem laranja, extrato de guaraná e hortelã, e a Profecia é feita com manga, mel e gengibre. Para comer, sanduíches diversos (tem americano, bauru, beirute e um que traz linguiça, queijo e cebola) e tapiocas.

P

Pomodorino

Cozinha italiana

Avenida Epitácio Pessoa, 1.104 – Lagoa – Rio de Janeiro
Tel.: (21) 3813-2622 | www.pomodorino.com.br
2ª f. a 5ª f., das 18h às 23h30; **6ª f. e sáb.,** das 18h à 0h30; **dom.,** das 12h às 22h30

🚗 sim 🍽 não $$$$ 👥 não ⊠ não 🚭 sim ♿ não

O lugar é uma graça: uma casa com paredes de tijolinho e muito vidro para destacar a luz natural e a paisagem. Fica na Lagoa ipanemense, lugar estratégico, entre as ruas Garcia d'Ávila e Maria Quitéria. A cozinha é italiana, flertando especialmente com as regiões mediterrâneas. Os pães artesanais com gostosos grissinis, tudo feito ali, dão as boas-vindas. Massas enriquecidas com peixes e frutos do mar são a especialidade, puxados no azeite com legumes como abobrinha, tomate e berinjela, com tempero de ervas frescas. Podemos pedir uma delas, como primo piatto, e continuar o caminho marítimo com alguma das receitas de pescados. Na taça, um bom branco italiano (ou chileno) faz tudo ficar mais lindo, fresco e leve. Também há pratos de carne que pedem um bom tinto, com destaque para aqueles com cordeiro e o sensacional ravióli de vitelo com molho funghi. Fique atento às sobremesas, com sorvetes da casa impecáveis.

Pontapé Beach

Simpatia, bons petiscos e preços camaradas

Botecos

Praia da Ribeira, 63 – Ilha do Governador
Rio de Janeiro
Tel.: (21) 3495-2285 | www.pontapebeach.com
3ª f. a 6ª f., das 18h à 0h; **sáb.,** das 12h à 0h;
dom., das 12h às 17h

🚗 não   💳 A|D|M|V $$ ♿ não   📷 não   🚭 não   ♿ sim

Filial Rua Maldonado, 361 – Ilha do Governador – Rio de Janeiro
Tel.: (21) 3798-7628
3ª f. a sáb., das 18h à 0h; **primeiro domingo do mês,** das 12h às 18h

A carne-seca é um petisco corriqueiro nos botecos cariocas, mas só no Pontapé ela é servida à milanesa, com uma farofa de virar a cabeça, aipim frito bem sequinho e cebola "desmaiada" na frigideira, formando um conjunto perfeito. É um botequim com todas as letras: ambiente informal e serviço simpático, cerveja gelada e petiscos com preços honestos, além de clientes que batem ponto diariamente e roda de samba para animar. Para coroar, fica em uma casinha para lá de simpática. É a cara do Rio. Prove o croquete de arroz de pato e veja como é bom, ou, então, o angu com frutos do mar, servido em panelinha. Hoje são dois endereços, ambos na Ilha do Governador.

Porcão

Churrascarias, carnes

Avenida Infante Dom Henrique, s/nº, Aterro do Flamengo – Flamengo – Rio de Janeiro
Tel.: (21) 3461-9020 | www.porcao.com.br
2ª f. a 5ª f., das 12h à 0h; **6ª f. e sáb.,** das 12h à 0h30; **dom.,** das 12h às 23h

🚗 sim 🍽 A|D|M|V $$$$ ♿ não 🚭 não 🚬 não ♿ sim

Filiais

Rua Barão da Torre, 218 – Ipanema – Rio de Janeiro
Tel.: (21) 3202-9158
2ª f. a 5ª f., das 12h à 0h; **6ª f. e sáb.,** das 12h à 0h30; **dom.,** das 12h às 23h

Avenida Armando Lombardi, 591 – Barra da Tijuca – Rio de Janeiro
Tel.: (21) 3154-9255
2ª f. a 5ª f., das 12h à 0h; **6ª f. e sáb.,** das 12h à 0h30; **dom.,** das 12h às 23h

Para comer muito bem no Porcão, é preciso seguir uma espécie de ritual. Em primeiro lugar, para fazer valer o investimento, chame o maître e avise que pastéis de Catupiry, cesta de pão de queijo, mozarela na brasa etc. não precisam ser servidos. Entre as carnes também convém dispensar linguiça, filé ao alho, coração de frango... O melhor a se fazer, depois de uma passadinha no bom bufê de saladas, é se concentrar nas carnes especiais: picanha nobre e costeleta de cordeiro (o fran rack). Também vale provar o avestruz e o javali, sem falar na costela que assa lentamente (os pedaços perto do osso são sempre melhores) e o bife de novilho. Lembre-se: quem comanda o serviço é você, e não os garçons. Assim, deixe a bolachinha com o lado vermelho para cima e escolha, um a

>>

um, o corte a ser servido em seguida. As carnes mais delicadas serão feitas na hora, para sua mesa. Nem parece rodízio. Sem falar que a filial do Aterro do Flamengo tem uma das vistas mais espetaculares não do Rio, mas do planeta, de frente para o Pão de Açúcar; a Baía de Guanabara esparramada...

Pousada da Alcobaça

Muito mais que uma linda cozinha

Variados, cozinha brasileira

Rua Dr. Agostinho Goulão, 298 – Corrêas – Petrópolis
Tel.: (24) 2221-1240 | www.pousadadaalcobaca.com.br
2ª f. a dom., das 8h às 21h30

sim não $$$$ não não sim não

A cozinha de Laura Góes está seguramente entre as mais lindas do país: no centro, um mesão de madeira coberto com cestos cheios de ovos, verduras e legumes, tudo colhido ali mesmo. O fogão a lenha e uma imensa coleção de utensílios de cozinha não aparecem só para enfeitar. São usados para criar um cardápio simples, com execução sublime, servido em um ambiente agradabilíssimo e charmoso, com clima rural e um lindo jardim, perfeito para uma caminhada depois da refeição. Uma vez por mês é preparado e servido ali um cozido. O couvert tem um adorável patê de foie, e pode ser completado com uma empadinha de palmito perfeita. O lombo de porco assado provoca sussurros, com seu molho espesso que tinge a carne. É o molho ferrugem, também a grande bossa da carne assada, outra especialidade da casa. A truta criada nas redondezas pode vir com molho de amêndoas, ao passo que o pato, também petropolitano, chega besuntado em molho de laranja. O coelho ao vinho tinto vem com feijão e farofa. Aos sábados tem feijoada, entre as melhores. À noite, o cardápio é reforçado com sopinhas, como a bouillabesse, a canja de frango defumado e o creme de alho-poró com queijo de cabra. Para curtir tudo isso, o melhor mesmo é se hospedar por lá porque ainda tem o indecente café da manhã.

Q Gastrobar   Descolado e saboroso

Bares, modernos, drinques

Rua Dias Ferreira, 617 – Leblon – Rio de Janeiro
Tels.: (21) 2113-0564/2113-0594
2ª f. a 5ª f., das 18h à 0h; **6ª f.,** das 18h à 1h; **sáb.,** das 13h à 1h; **dom.,** das 13h à 0h

🚗 sim ▱ D|M|V $$$$ 👥 não ⊠ não 🕐 sim ♿ sim

Na onda dos bares moderninhos que aliam boa cozinha à ótima lista de drinques em ambiente descolado com luz baixa e trilha sonora meticulosamente pensada, o Q Gastrobar é uma das boas novidades. O lugar é mesmo bonito, com um agradável bar ao fundo, cadeiras confortáveis e uma varandinha para lá de charmosa. Quem assina o cardápio é Ronaldo Canha, chef do Quadrucci (ver p. 234), dos mesmos donos. O cardápio não é grande. Tem um mix de entradinhas muito bem resolvido, com coxinhas de pato (versão chique e bem

>>

acabada do salgadinho de galinha), ovinhos de codorna em maionese trufada e dadinhos de tapioca com provolone. Entre os pratos, a melhor pedida são as cocottes, como a de ragu de cordeiro com cogumelos e aspargos com polenta branca ao caprino romano. Os drinques são ótimos: tente o irreverente Applerol, feito com Aperol, suco de maçã e água tônica com lâminas de maçã verde.

Quadrifoglio — Trio de ouro

Cozinha italiana, para grandes ocasiões

Rua J. J. Seabra, 19 – Jardim Botânico – Rio de Janeiro
Tels.: (21) 2294-1433/2294-1799
www.quadrifogliorestaurante.com.br
2ª f. a 5ª f., das 12h às 16h e das 19h à 0h;
6ª f., das 12h às 16h e das 19h à 1h; **sáb.,** das 12h à 1h;
dom., das 12h às 18h

🚗 sim 🍽 A|D|M|V $$$$ ♿ não 🚭 não Ⓢ sim ♿ sim

União de três craques, o novo Quadrifoglio conseguiu, em pouco tempo de vida, se colocar entre os melhores restaurantes do Rio, fruto do trabalho do maître Francisco Pereira, do chef Kiko Faria e do chef pâtissier Lomanto Oliveira. O trio se conheceu no grupo Fasano e saiu para abrir o próprio restaurante, um italiano clássico, mas que tem sempre surpresas reservadas aos clientes: os pães do couvert mudam regularmente e o cardápio, que também é alterado com alguma regularidade, frequentemente tem sugestões do dia. Para começar, pode-se optar

>>

por uma linha mais tradicional, como carpaccio de carne, ou por uma receita mais autoral, como o guazzetto di seppioline (uma sopa de tomate com lula, nhoque de berinjela e ervilha). Algumas receitas do antigo Quadrifoglio ficaram, como o famoso ravióli Última Luna, com recheio de pera ao molho de gorgonzola. As massas preparadas ali mesmo são indispensáveis: como primi piatti e, entre outros, o fettucine al nero di seppia con cicala e cardoncelli (massa de tinta de lula com cavaquinha e cardoncello) e o ravióli di fagiano alla salsa di tartufi neri (ravióli com recheio de faisão ao molho de trufa negra). Os risotos são perfeitos em termos de cremosidade. Não deixe de explorar os pratos principais: ossobuco de vitelo com risoto de açafrão e lombo de cordeiro com fonduta e trufa negra. Os menus executivos apresentam excelente relação custo-benefício, e as sobremesas de Lomanto são uma perdição, como o diamante alla variegato, uma linda composição de chocolate crocante recheado com calda de avelã e laranja, que já nasceu clássico. Não se esqueça de perguntar o que há de novo.

Quadrucci Do Leblon para Búzios

Cozinhas italiana e contemporânea

Rua Dias Ferreira, 233, loja A – Leblon – Rio de Janeiro
Tel.: (21) 2512-4551 | www.quadrucci.com.br
2ª f. a dom., das 12h às 16h e das 18h à 0h

🚗 sim 💳 A|D|M|V 💲💲💲 🛵 sim 🚫 não 🕐 sim ♿ não

 >>

Filial Avenida Bento Ribeiro Dantas, 2.900 – Manguinhos – Búzios
(Centro Gastronômico Porto da Barra)
Tel.: (22) 2623-6303
2ª f. a 5ª f., das 18h à 0h; **sáb.,** das 14h à 1h; **dom.,** das 14h à 0h

É o típico caso em que a filial acaba superando a matriz. Tudo bem, o Quadrucci do Leblon é muito bem posicionado, na Rua Dias Ferreira, com uma varandinha gostosa, de onde se observa o movimento lá fora. Entretanto, em Búzios, o restaurante funciona em um espaço raro, no melhor ponto do Centro Gastronômico Porto da Barra, de frente para a praia de Manguinhos e com um belíssimo deque. Os cardápios são diferentes, mas parecidos. Alguns pratos estão em ambos, e, cada vez mais, o Quadrucci vem deixando de ser tipicamente italiano para assumir de vez a vocação contemporânea e aconchegante. Ainda assim, massas e risotos ocupam lugar de destaque. Há risoto de camarão com mascarpone, manga e rúcula; capeletti de queijo de cabra e compota de uva na manteiga e sálvia; e o filhote em crosta de coentro, que é acompanhado de nhoque de quinoa ao leite de castanha-do-pará.

Queijaria Escola   Academia do queijo

Delicatessens, produtores rurais, queijos

Rodovia Antônio Mário de Azevedo, Km 18, s/nº – Conquista – Nova Friburgo
Tel.: (22) 2529-4000 | www.frialpalimentos.com.br
2ª f. a dom., das 9h às 18h (loja) e das 11h30 às 17h (restaurante Chalet Heidi)

🚗 sim 💳 A|D|M|V 💲💲 ♟ não 🗙 não 🚭 não ♿ sim

>>

Parada obrigatória para os apreciadores da boa mesa que viajam entre Nova Friburgo e Teresópolis, a Queijaria Escola tem uma consistente produção de laticínios, que podem ser comprados ali mesmo. Muitos visitantes aproveitam para acompanhar o processo de produção dos queijos por meio de visitas guiadas. Os mais interessados no assunto podem se inscrever nos cursos. São quase vinte tipos diferentes de queijo, entre variedades brasileiras (como requeijão e minas) e suíças (como gruyère, emmental e sbrinz), e há ainda manteiga. Além dos próprios produtos, a loja vende muito mais: é uma delicatéssen completa, com geleias, pães, bolos, biscoitos etc. Hoje também funciona no local uma escola de produção de chocolates.

Quinta Para passar a tarde

Variados

Rua Luciano Gallet, 150 – Vargem Grande – Rio de Janeiro
Tels.: (21) 2428-1396/2428-2568 | www.quinta.net
sáb. e dom., das 13h às 18h

🚗 sim ☐ A|D|M|V §§§§ ♟ não 🗻 não 🌀 sim ♿ não

O Quinta não é um restaurante para se ir apressadamente. É para chegar com calma, passear pelo jardim, quem sabe. Pedir uma caipirinha, ver os peixes no laguinho, as flores e os saguis assanhados, pedintes. O cardápio não muda – nem precisa. Peça, sim, o couvert, com patês, conservinhas e pastinhas da casa. Prossiga com os lagostins na chapa ao molho beurre noir e se lambuze ao espalhar limão sobre a carne delicada do crustáceo. Se preferir, experimente a casquinha de arraia – sim, de arraia – ou o palmito assado com molho de

>>

alcaparras. Para os pratos principais, os clássicos são o bobó de camarão feito com fruta-pão e o marreco assado, servido com chutneys, geleias e batatas-doces caramelizadas. A moqueca que leva cherne, camarão, lula e lagostim também tem fãs ardorosos. E que tal uma mangada, que é doce de manga com sorvete de creme e calda de tangerina, para encerrar?

Quiosque do Lapinha
Receita de família

Pescados, cozinhas brasileira e caiçara, bons e baratos, quiosques

Rua Orlando Carpineli, s/nº – Praia do Pontal – Paraty (canto esquerdo da praia)
Todos os dias, das 10h até o último cliente

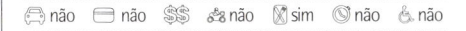

🚗 não   🍽 não $$ ♨ não   Ⓧ sim   🚭 não   ♿ não

A origem do camarão casadinho, receita caiçara de Paraty, é controversa, mas Antônio Lapa, o Lapinha, garante que foi sua mãe a inventora do prato. Verdade ou não, o fato é que a melhor, maior e mais barata versão desse crustáceo é servida na barraca que ele mantém há muitos e muitos anos no canto esquerdo da Praia do Pontal, a apenas cinco minutos de caminhada a partir do Centro Histórico, com mesas espalhadas na areia. "Só não sirvo no período do defeso, entre março e junho, porque não dá para fazer com camarão pequeno, muito

>>

menos congelado", diz Lapinha, que pilota pessoalmente o fogão e faz questão de ele mesmo comprar o crustáceo a cada manhã. Depois, ele corta a barriga do animal, recheando com farofa de camarão molhadinha, prendendo com palitos de dois em dois, cabeça de um com o rabo do outro, para, então, fritar em óleo bem quente. O resultado é sensacional. Além do camarão, a farofa ainda recheia lulas deliciosas, uma boa pedida para o período do defeso. Lapinha ainda prepara ótimos peixes grelhados, sempre fresquíssimos e, eventualmente, até um rico e perfumado bobó de camarão.

Quiosque do Português   O rei das caipirinhas

Botecos, quiosques

Avenida Delfim Moreira, quiosque 5, em frente à
Rua José Linhares – Leblon – Rio de Janeiro
Tel.: (21) 8308-1373
http://quiosquedoportugues.blogspot.com
dom. a 5ª f., das 8h às 20h; **6ª f. e sáb.,** das 8h às 22h

🚗 não 💳 V | M 💲💲 ✂ não 🗙 não 🕐 não ♿ sim

O Quiosque do Português é talvez o único de seus pares a levar a sério os comes e bebes à beira-mar na orla de Ipanema e Leblon. Fica em frente à Rua José Linhares, a mesma do Bracarense (ver p. 92). Em termos de bebes, podemos encontrar a água de coco e as latinhas de cerveja também presentes nos demais quiosques, mas também caipirinhas. Estas são acima da média e podem aparecer em sabores diferentes, como siriguela e jabuticaba, além das combinações bem-sucedidas, como a caipirinha de manga com amora e a de tangerina com gengibre. Quem quiser tem a opção de escolher vodcas finas, como a Grey Goose. Para comer, há salgadinhos, mas pode até pintar uma lagosta grelhada de vez em quando.

Quiosque do Ranieri
Búzios à moda antiga

Quiosques, pescados

Praia José Gonçalves, s/nº – José Gonçalves – Búzios
2ª f. a dom., das 8h às 17h

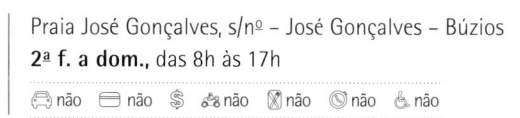

Isolado na Praia José Gonçalves, uma das mais afastadas e selvagens de Búzios, o Quiosque do Ranieri, cujo nome oficial é Nativo's, é como um oásis, lugar tão inóspito quanto belo. A construção moldada é de gosto duvidoso, mas tem personalidade. Ora bolas, isso não é importante; o que vale mesmo é a cerveja estupidamente gelada e os petiscos do mar que saem muito bem preparados da cozinha. Os camarões na chapa com alho são ótimos, assim como o nome dado a eles: "ali oli". As casquinhas de marisco fazem sucesso. Podemos ainda pedir lula à dorê ou, quem sabe, preparada na chapa. Que tal um filé de peixe? Também tem. O atendimento é simpático e cordial, mas demorado. Faz parte do charme e da rusticidade de uma das poucas praias na Búzios atual em que podemos nos sentir nos anos 1970.

R

Real Chopp

Botecos, pós-praia

Rua Barata Ribeiro, 319 – Copacabana
Rio de Janeiro
Tels.: (21) 2547-6673/2257-2645
2ª f. a dom., das 6h30 à 1h

🚗 não   🍴 A|D|M|V   💲   🛵 sim   🚬 sim   🕐 não   ♿ não

Seu nome já foi Real Sucos, mas teve de reconhecer a mudança de perfil, forçada ao longo dos anos pela boêmia clientela. O chope honra o nome da casa e sai gelado, com bom nível de pressão. Como é vendido aos montes, está sempre fresco, como se deve. O lugar é praticamente um bar de tapas, com uma lista enorme de petiscos, mas também há pratos substanciosos, como o famoso arroz de rabada, servido, infelizmente, apenas aos domingos. Muitos acepipes, alguns dos melhores, estão expostos no balcão: ovas, punheta de bacalhau, salada de polvo e até batata calabresa, ovo de codorna e tremoços. A boa sequência de petiscos se repete na lista de belisquetes quentes. Tem aipim frito, lula à dorê... Para quem tem mais fome, a picanha na chapa é de alto nível, macia e suculenta. Por tudo isso, vive lotado de todo tipo de gente, desde famílias que ocupam as mesas do lado de fora nos fins de semana aos bebuns que tomam a saideira no meio da madrugada.

Restô

Variados, cozinha contemporânea, drinques

Rua Joana Angélica, 184 – Ipanema – Rio de Janeiro
Tel.: (21) 2287-0052 | www.restoipanema.com.br
2ª f. a dom., das 12h à 1h

não A|D|M|V $$$ sim sim sim não

A casinha branca de dois andares na esquina das ruas Nascimento Silva com Joana Angélica está entre os restaurantes mais simpáticos da cidade. Janelas amplas permitem a entrada de luz natural na hora do almoço. Embora esse horário seja concorrido, é à noite que o Restô bomba. Do bar saem drinques, como a refrescante caipirinha verde, com maçã verde, kiwi e uva, e a combinação entre vodca peach, licor marasquino, licor de morango, sour mix de limão-siciliano e açúcar de gengibre. A cozinha é comandada pelo chef Tande Bittencourt, que tem entre os sócios o ator Danton Mello. Ele manda bem. O cardápio oferece muitas entradinhas gostosas, como o trio de cogumelos recheados e as bruschettas bem boladas, como a de figos frescos cobertos por queijo de cabra e regados com mel de tomilho. Entre os pratos principais, a Fantasia de Pescador traz à mesa uma suave composição, com filezinhos de linguado recheados com creme de curry, camarões grandes e

>>

chutney de tomate, acompanhados de risoto de uvas com estragão e molho de camarão. Aqui não há outro meio de terminar uma refeição que não seja o escondidinho brûlée de goiabada cascão com queijo.

Rio Minho

O berço da sopa Leão Veloso

Pescados, cozinha tradicional

Rua do Ouvidor, 10 – Centro – Rio de Janeiro
Tel.: (21) 2509-2338
2ª f. a 6ª f., das 11h às 16h

🚗 não ▭ A|D|M|V $$$$ 🛵 não ✖ sim Ⓢ não ♿ não

O restaurante mais antigo do Rio, inaugurado em 1884, na verdade são dois. Há o salão refrigerado, com garçons uniformizados, paredes de madeira e toalhas brancas, decorado com pôsteres de peixes e frutos do mar, e há o anexo, um balcão cercado de banquinhos, um verdadeiro botequim a preços mais camaradas, com serviço ligeiro a cargo de moças simpáticas. Em ambos reinam os peixes e frutos do mar, preparados com alguma inclinação ibérica, com muitas receitas de bacalhau, a começar pelos bolinhos que abrilhantam o início de qualquer refeição na casa. Quem está no salão deve pedir a farta porção de frutos do mar grelhados, que dá para duas ou três pessoas e reúne filé de cherne, polvo, camarões, cavaquinha, mexilhões e lulas, tudo

>>

preparado na chapa, na companhia de arroz de brócolis e alho frito. Regada com azeite e pimenta é pura alegria. Quem está do lado de fora pode pedir alguns dos pratos da casa em versão reduzida, como PF. O bobó de lagostins é fabuloso. Outro pedido certeiro é o polvo ao alho e óleo com arroz de brócolis e batatas coradas – um espetáculo. Além de tudo isso, o Rio Minho é o melhor lugar do mundo para se provar a sopa Leão Veloso, que teria sido criada ali sob a inspiração da bouillabaisse francesa, reunindo caldo de cabeça de peixe, camarões, lula, polvo e mexilhões. Uma maravilha. Para fechar com chave de ouro, pastéis de nata quentinhos.

Roberta Sudbrack

Deixe a chef te levar

Variados, cozinha contemporânea, para grandes ocasiões

Avenida Lineu de Paula Machado, 916
Jardim Botânico – Rio de Janeiro
Tel.: (21) 3874-0139 | www.robertasudbrack.com.br
3ª f. a 5ª f., das 19h30 às 23h;
6ª f. e sáb., das 12h30 às 15h e das 20h30 às 23h

🚗 sim 💳 M 💲💲💲💲 🚭 não ❌ não 🕐 sim ♿ não

A cozinha de Roberta Sudbrack é daquelas que causam emoção. Uma das mais importantes chefs da América Latina, sua gastronomia de vanguarda é aparentemente simples, usando poucos, e bons, ingredientes, trabalhados com técnica precisa, muita inspiração e criatividade. A matéria-prima, uma obsessão de Roberta, é a melhor possível: chamam a atenção o frescor dos pescados, o ponto perfeito de madureza das frutas, a gema alaranjada do ovo caipira, a beleza das ervas e folhas. A impressão que se tem é a de que, a cada ano que passa, ela se apresenta em melhor forma, refinando seus pratos, causando resultados surpreendentes. Assim vão nascendo receitas que poderiam ser apreciadas de joelhos, como o robalo com milho doce e canjica, um dos destaques da última "coleção", como Roberta chama cada novo menu. O cardápio varia regularmente e muitas vezes revisita clássicos da casa alaranjada no Jardim Botânico. Há um quê de lúdico, com pitadas de irreverência. Quem mais ousaria combinar manga madura com bottarga e ervas? Ou tangerina com cogumelos e queijo parmigiano? Com Roberta Sudbrack não tem conversa. Vamos pedir o menu degustação, deixar a refeição nas mãos da chef e ponto final. Estar ali é sempre um capítulo importante em nossas vidas. Saboroso capítulo.

Rocka

Champanhe e maresia

Pescados, variados

Praia Brava, 13 – Centro – Búzios
Tel.: (22) 2623-6159 | http://rockafish.com
2ª f. a dom., das 9h30 às 17h

🚗 sim 🍽 A|D|M|V $$$ 🚭 não ✖ não 🕐 sim ♿ não

Casas Brancas é, há muito tempo, uma das melhores e mais charmosas pousadas de Búzios. Há cerca de dois anos, os donos inauguraram um posto avançado na Praia Brava: o Rocka Beach Lounge & Restaurant, um lugar para ficar o dia

>>

inteiro em alguma das espreguiçadeiras que descem a encosta, quase até a areia. Quem pode – e muitos ali podem – abre champanhes. Hoje esse bar de praia, onde as pessoas até almoçam descalças, é um dos maiores vendedores de Veuve Clicquot do Rio. Quer uma Dom Pérignon? Também tem. Outros preferem ficar nas boas caipirinhas ou mesmo na cervejinha. Tudo bem. Quando a fome bate, a cozinha mostra extrema competência no preparo de receitas de peixes e frutos do mar. O chef argentino Gustavo Rinkevich trabalhou em Ibiza, na Espanha, e sabe bem o que é pilotar a cozinha de um restaurante de praia. Uma criação de vieiras, a poucas braçadas de distância do Rocka, nos abastece com esses nobres mariscos extremamente frescos. O cardápio mostra consistência: tem carpaccio de polvo com azeite de aroeira e limão, e espeto de camarão VG em crosta de gergelim com molho de maracujá e wasabi. Clássicos praieiros, como as lulas à dorê e a casquinha de siri, também não faltam. O prato principal pode ser uma lagosta grelhada com cuscuz e molho de dendê e coco, que, aliás, vai muito bem com uma tacinha de champanhe dos bons.

Rosmarinus   Delícia com vista para a mata

Variados

Estrada Mauá-Maromba, Km 4 – Visconde de Mauá – Resende
Tel.: (24) 3387-1550 | www.rosmarinus.com.br
2ª f., 5ª f., 6ª f. e sáb., das 13h às 17h e das 19h às 22h; **dom.,** das 13h às 18h

🅿 sim 💳 A|D|M|V $$$ ♿ não 🚭 não 🌀 sim 🐾 não

Na estrada que leva à Maromba, pouco antes de Maringá, vê-se uma linda casa vermelha com amplas janelas. A horta chama a atenção e de lá saem os temperos e as folhas. Comemos com vista para a mata. Nos dias frios, tem lareira e, à noite, velas sobre as mesas, dando o clima romântico. Comemos bem. Pães e massas são feitos ali mesmo, e vale a pena pedir o couvert. O fogão a lenha centraliza as preparações. As melhores opções são carnes, como cordeiro e pato, na companhia das massas caseiras ou risotos, mas a truta salmonada tem muitos fãs. O ossobuco com polenta é impecável. Para encerrar, uma receita já famosa: compota de tomate com mascarpone e manjericão – combinação que reconhecemos, mas que, adocicada dessa maneira, também surpreende.

Rotisseria Sírio Libaneza   Fast-food árabe

Cozinha árabe, salgados

Largo do Machado, 29, lojas 16 a 19, 32 e 33 – Catete – Rio de Janeiro
Tel.: (21) 2557-2377 | www.rotisseriasl.com.br
2ª. f. a sáb., das 8h30 às 23h

 não   não $ sim   sim   não   não

Também conhecida como "o árabe do Largo do Machado", a Rotisseria Sírio Libaneza (com "z" mesmo) é um dos endereços mais tradicionais da cidade. Para muita gente, serve a melhor esfirra do Rio de Janeiro (prove a de carne e a de verduras). Mas não é só. O quibe frito também é ótimo. Boa parte dos clientes come de pé mesmo, no balcão, já que as mesas são bastante disputadas, e é difícil encontrar lugar na hora do almoço. Além dos salgados, a casa serve pratos mais substanciosos: abobrinha recheada, arroz com lentilha e cebola frita, tabule, kafta e daquelas pastinhas que adoramos, como a coalhada seca. Para terminar, doces árabes.

Salete

Gracinha tijucana

Botecos, cozinha tradicional, bons e baratos

Rua Afonso Pena, 189 – Tijuca – Rio de Janeiro
Tels.: (21) 2264-5163/2214-0408
www.restaurantesalete.com.br
2ª f. a 5ª f., das 9h às 22h; **6ª f.,** das 9h às 23h;
sáb., das 9h às 20h; **dom.,** das 9h às 18h

🚗 não 🍽 A|D|M|V $$ 💺 sim 🚭 sim 🚫 não ♿ não

Um dos endereços mais tradicionais da Zona Norte, tem na dupla chope e empada o principal chamariz. O salgadinho com recheio de camarão vem em massa delicada que envolve um creme muito saboroso, com alguns crustáceos. Uma beleza. Bolinhos de bacalhau também acompanham perfeitamente o chope. Ainda que o salão seja bastante charmoso, com azulejos brancos e azuis e paredes que exibem as muitas condecorações da casa em concursos de boteco, muita gente prefere ficar do lado de fora e ser atendida no balcão, comendo e bebendo de pé. Entretanto, é só mesmo em uma mesa que se pode apreciar a outra especialidade local responsável pela boa fama do Salete: o risoto de camarão. Feito como antigamente, nada de arborio e creme de leite, é um arroz molhadinho, com tomate, que lhe dá cor, e umas ervilhas, além de muitos camarões médios.

Satyricon

Pescados, cozinha italiana

Avenida José Bento Ribeiro Dantas, 500
Praia da Armação – Búzios (Orla Bardot)
Tel.: (22) 2623-2691 | www.satyricon.com.br
2ª f. a 5ª f., das 18h à 0h; **6ª f. e sáb.,** das 18h às 2h;
dom., das 18h à 0h

🚗 sim　💳 A|D|M|V　$$$$　🐾 não　✕ não　🕐 sim　♿ sim

Filial Rua Barão da Torre, 192 – Ipanema – Rio de Janeiro
Tel.: (21) 2521-0627
2ª f. a dom., das 12h à 0h

Melhor lugar para se comer peixes e frutos do mar, especialmente na matriz, em Búzios, que, além de tudo, é um dos locais mais lindos para se fazer uma refeição, especialmente no finalzinho da tarde, com o sol caindo, os barquinhos na praia da Orla Bardot a balançar, as gaivotas voando... Viveiros garantem o abastecimento fresquíssimo de vieiras, lagostas, cavaquinhas, ostras e mexilhões. O vistoso gran piatto di mare, que reúne várias entradinhas frias, as quais variam regularmente, é a melhor pedida para começar. Pode ter vinagrete de polvo, camarões no molho de tomate, ovas de peixe, carpaccio de cherne, tartare de atum, mexilhões com pimentões, bacalhau no azeite com

>>

cebola, ovas de ouriço, sardinhas marinadas, ostras frescas e assim por diante, em uma combinação de pelo menos oito porções diferentes. Para os pecadores que não pediram o gran piatto, resta comandar os ótimos carpaccios de peixe ou os tartares. Uma maravilha. Bom começo também é a porção de lulas e de camarões fritos à romana. Para os pratos principais, o pargo al sal grosso é o clássico da casa desde o comecinho dos anos 1980, quando o italiano Miro Leopardi se instalou em Búzios. Também há boa seleção de massas com pescados, mas o melhor mesmo é pedir peixes e frutos do mar na brasa: cavaquinha, lagosta, cherne, camarão... Para acompanhar, além de um bom branco italiano, peça o arroz de limão ou uma saladinha.

Sawasdee
Tudo delicioso, até os pratinhos infantis

Cozinha tailandesa, asiática

Avenida José Bento Ribeiro Dantas, 422
Praia da Armação – Búzios (Orla Bardot)
Tel.: (22) 2623-4644 | www.sawasdee.com.br
2ª f. a dom., das 18h às 2h

🚗 sim   💳 A|D|M|V $$$ não   🚭 não   🕐 sim   ♿ não

>>

Filiais

Estrada da Gávea, 899, loja 101-A – São Conrado – Rio de Janeiro (Fashion Mall)
Tel.: (21) 3322-2150
2ª f. a 5ª f., das 12h às 23h; **6ª f. e sáb.,** das 12h à 1h; **dom.,** das 12h às 23h

Rua Dias Ferreira, 571 – Leblon – Rio de Janeiro
Tel.: (21) 2511-0057
2ª f., das 19h às 23h; **3ª f., 4ª f. e 5ª f.,** das 12h às 16h e das 19h à 0h;
6ª f., das 12h às 16h e das 19h à 1h; **sáb.,** das 12h à 1h; **dom.,** das 12h às 23h

As duas unidades cariocas que me perdoem, mas bom mesmo é comer no salão envidraçado da Orla Bardot, apreciando o movimento de Búzios. Contudo, não deixa de ser um consolo ter duas filiais no Rio com cozinha no mesmo (alto) nível da casa praiana que deu origem ao que hoje podemos chamar de pequena rede, tocada por Marcos e Thiago Sodré, pai e filho – família gente boa e talentosa. O cardápio é tailandês, mas, vira e mexe, entram novidades inspiradas nas culinárias típicas do Sudeste Asiático (já teve, por exemplo, festival balinês e indiano). Uma entrada essencial para nos familiarizarmos com os cinco sabores da cozinha tailandesa (ácido, picante, doce, salgado e pungente, esse último seria resultado das pimentas) é o mieng khan, uma degustação de cada um desses elementos. Muito mais gostoso é saborear as costelinhas de porco caramelizadas em molho agridoce, ou muu grop, para os íntimos. Para provar um pouquinho de cada delícia existe o mix de entradas. O cordeiro marinado no missô com curry vermelho é uma ótima pedida; o magret de pato em especiarias com molho de tamarindo, cebolas e couve frita, também. Fica difícil escolher, pois o Sawasdee tem uma qualidade rara, restrita a poucos restaurantes: tudo ali é bom, e benfeito, até os pratinhos infantis, como o arroz de jasmim frito com mignon ao shoyo, que agrada em cheio as crianças. Nunca dispense as sobremesas, leves, frescas e saborosas, como o sorvete de coco com leque de manga, calda de tangerina e gergelim.

Shin Miura

Cozinhas japonesa e contemporânea

Avenida Rio Branco, 156, 3º piso – Centro
Rio de Janeiro
Tel.: (21) 2262-3043
2ª f. a 6ª f., das 11h às 15h

🚗 não   💳 A|D|M|V $$ 🅿 não   🍴 sim   🕐 não   ♿ não

É um restaurante japonês, mas com qualidade acima da média, que serve sahimis de peixes frescos bem cortados e outros pratos típicos do Japão, com boas massas e um sensacional filé-mignon à milanesa na farinha panko, além de marmitinhas que combinam algumas receitas. O grande negócio ali é entrar no esquema, melhor dizendo, nos "esqueminhas", que é o nome dado às cerca de vinte receitas servidas em pequenas porções, que extrapolam a culinária do Oriente com combinações contemporâneas e ousadas, preparadas pelo chef Nao Hara. Podemos pedir uma, apenas, ou escolher a degustação com quatro, cinco ou seis pratos. O cardápio varia com alguma regularidade, apresentando maravilhas como dim sum de camarão e shitake com confit de gengibre; vieira empanada no coco com tomate e ervas; espeto de atum semigrelhado recheado de foie gras com sorvete de shoyo e mel; e wangtang de vieiras com musse de alho. A localização do restaurante é outra particularidade: o

S

terceiro andar de um prédio que é praticamente um shopping de informática, na Avenida Rio Branco.

Siri Mole & Cia.

Embaixada baiana

Cozinha baiana

Rua Francisco Otaviano, 50 – Copacabana – Rio de Janeiro
Tel.: (21) 2267-0894 | www.sirimole.com.br
2ª f., das 19h à 0h; **3ª f. a dom.,** das 12h à 0h

sim   A | D | M | V $$$$ não   não   não   sim

Filiais

Avenida Ministro Ivan Lins, 270, lojas C e D – Barra da Tijuca – Rio de Janeiro
Tel.: (21) 2429-7834
3ª f. a dom., das 11h à 0h

Avenida Atlântica, quiosque 32 – Copacabana – Rio de Janeiro (em frente à Rua Bolívar)
Tels.: (21) 3684-6671/2256-2827
2ª f., das 14h às 22h; **3ª f. e 4ª f.,** das 10h às 23h; **5ª f. a dom.,** das 10h à 1h

Moquecas... Há várias. Muitas benfeitas, outras nem tanto. Contudo, moqueca de siri-mole, no Rio, é raridade. Só mesmo no Siri Mole, o melhor restaurante baiano no Rio de Janeiro, cidade e estado. Logo, a melhor pedida é a moqueca desse crustáceo que, quando troca de casca, pode ser saboreado inteiro – uma delícia. Se o entusiasmo não for tão grande por devorar um bichinho desses, melhor pedir a moqueca mista, que também traz siri-mole em meio a camarões e mariscos, em uma composição ainda mais harmoniosa. A farofa de dendê escolta perfeitamente

>>

essas panelas de barro que chegam fervilhantes à mesa. A gente trata de esquentar ainda mais a brincadeira jogando uma pimenta das boas, como não poderia ser diferente em uma casa baiana. Para começar, casquinha de siri, acarajé, camarão no bafo e caldinho de sururu. Para terminar, quindim, doce de caju e cocada. Aos sábados, há um bufê farto, ótima pedida para provar um pouquinho de cada item do cardápio. Além da matriz, em Copacabana, há mais dois endereços: um quiosque no mesmo bairro e uma filial na Barra. Também há um anexo à matriz, a Toca do Siri, um botequinho mais voltado a petiscos.

Sírio e Libanês
Vá no rodízio

Cozinhas árabe e tradicional

Rua Senhor dos Passos, 217 – Centro
Rio de Janeiro
Tels.: (21) 2224-1629/2224-5676
www.sirioelibanes.com.br
2ª f. a 6ª f., das 11h às 18h; **sáb.,** das 11h às 16h

🚗 não 💳 A|D|M|V $$ ♨ sim 🍷 sim 🚭 não ♿ não

É a cozinha árabe em sua melhor forma. A esfirra tem massa delicada, com recheio úmido e tempero exato. O quibe frito apresenta perfeito equilíbrio, o pão árabe é um complemento ideal para as pastas de grão-de-bico e berinjela, e para a coalhada seca, brincadeira temperada com azeite, cebola picada e folhas de

>>

hortelã. As saladas são vistosas, mas o grande barato do restaurante Sírio e Libanês, há mais de quarenta anos fincado no coração da Saara, é a churrasqueira a carvão, que assa a melhor kafta do Rio de Janeiro, e outras carnes, como o cordeiro. Para acompanhar, tem arroz com lentilha e cebola frita, charutinhos de folha de uva, abobrinha recheada. Quem tem fome e tempo pode pedir o rodízio, que traz grande parte do cardápio. Os doces árabes fecham com chave de ouro o almoço temático.

Sítio do Moinho · Orgânico e muito saboroso

Produtores rurais, delicatessens, padarias

Estrada Correa da Veiga, 2.405, Santa Mônica –
Itaipava – Petrópolis
Tels.: (24) 2291-9150/2291-9155
www.sitiodomoinho.com.br
2ª f. a dom., das 9h às 17h

sim · A|D|M|V · $ · sim · não · não · não

Filial Rua General Urquiza, 188-C – Leblon – Rio de Janeiro
Tel.: (21) 3795-9150
2ª f. a sáb., das 9h às 17h

Tudo começou com a produção de legumes e verduras, e, com o tempo, o negócio foi crescendo. O Sítio do Moinho foi uma das primeiras empresas do país a apostar na agricultura orgânica. A propriedade, na localidade de Santa

>>

Mônica, em Itaipava, Petrópolis, está aberta a visitas. Há flores comestíveis, brotos de rúcula, capuchinhos, alfaces de vários tipos e lindos legumes. Também há uma padaria que assa baguetes, pães italianos, bolos e discos de pizza sob a marca Molino d'Oro. Além dos produtos de fabricação própria, a empresa ainda importa vários itens, como a linha de sementes germinadas do Canadá e o adoçante de agave mexicano. Tem uma loja simpática no Leblon, escondidinha na Praça Antero de Quental.

Sítio Solidão   Serra da Estrela em Miguel Pereira

Produtores rurais

Rua Zélia, 12 – Centro – Miguel Pereira
Tel.: (24) 2484-2404 | www.sitiosolidao.com.br
4ª f., das 15h às 18h; **5ª f., 6ª f. e sáb.,** das 9h às 21h; **dom.,** das 9h às 16h

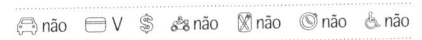

O queijo de ovelha, inspirado no famoso Serra da Estrela, com interior cremoso como requeijão, é o principal responsável pelo sucesso da marca Sítio Solidão. A consistente produção de laticínios do sítio em Miguel Pereira pode ser encontrada no supermercado Zona Sul; na loja própria; em lojas da marca, no Vale das Videiras, em Petrópolis; e em boas delicatessens. O queijo minas frescal e o requeijão também fazem muito sucesso. A linha vem crescendo nos últimos tempos e, hoje, já inclui queijo caprino romano, provolone, ricota defumada, grana padano, entre outros. Vale a pena procurar.

Sorvete Itália

Clássico gelado das areias de Ipanema

Sorveterias

Rua Henrique Dumont, 71, loja C – Ipanema – Rio de Janeiro
Tel.: (21) 2239-1396 | www.sorveteitalia.com.br
2ª f. a 5ª f., das 9h às 21h; **6ª f., sáb. e dom.,** das 9h às 22h

🚗 não　💳 M|V　💲　🔌 sim　📶 sim　🅿 não　♿ sim

Filiais

Rua Visconde de Pirajá, 395 – Ipanema – Rio de Janeiro
Tel.: (21) 2247-5364
2ª f. a sáb., das 9h às 22h; **dom.,** das 10h às 22h

Avenida Ataulfo de Paiva, 1.327, loja A – Leblon – Rio de Janeiro
Tel.: (21) 2239-3537
2ª f. a 5ª f., das 10h às 22h; **6ª f. e sáb.,** das 11h à 0h; **dom.,** das 10h às 22h

Avenida das Américas, 500, loja 116, bloco 16 – Barra da Tijuca – Rio de Janeiro (Shopping Downtown)
Tel.: (21) 2491-2295
2ª f. a 5ª f., das 10h às 21h; **6ª f. e sáb.,** das 10h às 22h; **dom.,** das 11h às 22h

Rua São José, 35, térreo – Centro – Rio de Janeiro (Terminal Garagem Menezes Côrtes)
Tel.: (21) 2240-5849
2ª f. a 6ª f., das 9h às 20h

Rua Santo Afonso, 216, loja E – Tijuca – Rio de Janeiro
Tel.: (21) 2568-6088
2ª f. a sáb., das 8h30 às 21h; **dom.,** das 9h às 21h

>>

Rua José Bento Ribeiro Dantas (Rua das Pedras), 233, loja A – Centro – Búzios
Tel.: (24) 2623-6515
2ª f. a dom., das 11h às 23h; **6ª f.,** das 11h à 0h; **sáb.,** das 11h às 2h; **dom.,** das 11h à 0h

Outras filiais: Niterói (Icaraí), Bangu Shopping, Norte Shopping etc.

Tudo começou com uma pequena produção artesanal, no Bar 20, em Ipanema, que abastecia alguns vendedores que circulavam pelas praias do bairro e também do Leblon com isopores. Um clássico das areias cariocas, o Sorvete Itália se reinventou na virada do milênio, se expandiu, abrindo lojas por toda a cidade, do Leblon a Bangu, e também em Búzios e Niterói. A linha, que era pequena, com alguns sabores de frutas, como manga, e outros cremosos, como chocolate africano, com amendoim, e pistache, hoje tem dezenas de opções. Entre os sabores interessantes, manga com gengibre, canela, Ovomaltine e banana frita. Os vendedores continuam frequentando as praias da Zona Sul.

Sushi Leblon
Para ver, ser visto e comer bem

Cozinha japonesa

Rua Dias Ferreira, 256 – Leblon – Rio de Janeiro
Tel.: (21) 2512-7830 | http://sushileblon.com
2ª f. a 4ª f., das 12h às 16h e das 19h à 1h30;
5ª f., 6ª f. e sáb., das 12h à 1h30; **dom.,** das 13h à 0h

🚗 sim 🍽 A|D|M|V $$$$ 🅿 sim ❌ não 🕐 sim ♿ sim

>>

Um dos melhores japas da cidade, é talvez o restaurante mais fotografado pela revista *Caras*, pois, além de acessível às lentes, é diariamente frequentado por celebridades. Há sempre fila na porta, e isso faz parte do ritual. Quem vai para ver e ser visto também come muito bem. A linha clássica da cozinha japonesa está bem representada, mas o grande trunfo são as receitas mais contemporâneas, vertentes da gastronomia nipônica em que o Sushi Leblon foi um dos pioneiros no Brasil. Vale a pena garantir um lugar no balcão, para pedir sugestões diretamente ao sushiman. O sushi de ovo de codorna é um clássico da casa. O atum semigrelhado com foie gras, wasabi e brunoise de maçã verde é tão bonito quanto bom. O tartare desse peixe, coroado com gema de ovo caipira e caviar negro, finalizado com um pouquinho de wasabi, também é ótimo. Há os clássicos: nirá salteado, guioza, sunomono. Os tempuras chegam sequinhos e crocantes. Para o prato principal, uma boa pedida são os camarões grelhados com molho cremoso de wasabi e arroz. Para terminar de maneira refrescante, sorbet de lichia.

Sushi San Mi
Cozinha zen

Cozinha japonesa

Rua Mariz e Barros, 155 – Icaraí – Niterói
Tel.: (21) 2610-1596
3ª f. a sáb., das 18h30 às 23h30; **dom.,** das 12h às 15h30 e das 18h30 às 22h30

🚗 não   ▭ não $$ 🅿 sim   🚭 não   🚫 não   ♿ não

A fachada do Sushi San Mi é o reflexo do restaurante: todo ele é agradável na simplicidade, como prega a cultura japonesa. Os muitos descendentes de

>>

japoneses que frequentam o lugar dizem viajar direto para a infância, para o almoço na casa da avó. O local não tem frescura nem invencionices; tem é comida deliciosa, preparada com o maior capricho, e atendimento gentilíssimo e discreto. Há 16 anos sob o comando do japonês Satoru Yagi, o San Mi oferece um cardápio que (orgulhosamente) não foge muito do tradicional. O campeão de pedidos é o Kit da Casa: uma sequência de pratos para duas pessoas. Primeiro, o missoshiru para confortar; depois, a porção de harumaki ou nirá, seguida do combinado de quarenta peças. O peixe é fresquinho, e o arroz tem o ponto exato de cozimento, o que é raro.

Taberna Alpina
Tradição serrana

Cozinhas alemã e tradicional

Rua Duque de Caxias, 131 – Várzea – Teresópolis
Tel.: (21) 2742-0123
3ª f. a 5ª f., das 8h às 22h30; **6ª f. e sáb.,** das 8h à 0h; **dom.,** das 8h às 22h30. Fecha às segundas-feiras.

não   A|D|M|V $$ não   sim   sim   sim

Dona Erna Nathan e Seu Bela Snir, antigos sócios, já não estão mais atrás do balcão. Tirando isso, a Taberna Alpina de hoje é igualzinha à dos anos 1980. Inaugurado em 1954, o restaurante tem um cardápio alemão: salsichas, eisbein e kassler, servidos na ilustre companhia de salada de batatas e chucrute, além de um steak tartar preparado à mesa e oferecido com pão preto (a carne no meio do prato, coroada com uma gema de ovo, e os temperos ao redor: cebola picada, picles, alcaparras, páprica). O goulash é muito bom, assim como outro clássico da casa, o pato assado, acompanhado de croquetes e purê de maçã. A língua de boi defumada é deliciosa. No inverno, a sopa de lentilhas cai como uma luva. Também há lanchinhos à moda antiga, como torradas com manteiga, café com leite, waffles. Fugindo das especialidades germânicas, há churrasco misto, filé com fritas e outros pratos do receituário tradicional fluminense. Para encerrar, apfelstrudel, claro.

Talho Capixaba

O difícil é escolher

Padarias

Avenida Ataulfo de Paiva, 1.022, lojas A e B – Leblon – Rio de Janeiro
Tel.: (21) 2512-8760 | www.talhocapixaba.com.br
2ª f. a dom., das 7h às 22h

🚗 não 💳 A|D|M|V 💲 🪑 sim 🚫 não Ⓝ não ♿ não

As cestinhas de madeira exibem os pães, e são mais de quarenta variedades nessa que é uma das melhores padarias da cidade, e também uma boa delicatéssen, com ótima oferta de queijos, vinhos e carnes – a origem de tudo (talho é como os portugueses chamam açougue). O pão de três cereais, a baguete, a focaccia, o croissant, a ciabatta, o pão australiano... É difícil escolher. Há versões recheadas, como a baguete de calabresa, e doces, como o delicado folheado de amoras. Uma loucura. O brioche e o sonho de doce de leite são duas tentações. Não faz muito tempo, o que já era bom ficou ainda melhor, e foi inaugurado

>>

um mezanino. Agora, está ainda mais confortável começar o dia ali, onde se serve um dos mais saborosos cafés da manhã do Rio. A confeitaria também brilha, com a produção de tortas, bolos, biscoitinhos e docinhos mil, no mesmo alto nível dos pães. Para uma refeição rápida, podemos montar um sanduíche, com a escolha do tipo de pão e dos ingredientes.

Tempero com Arte
Cardápio variado e serviço cordial

Variados, pizzas

Rua Prefeito Sebastião Teixeira, 262 – Tijuca – Teresópolis
Tel.: (21) 2742-1299 | www.temperocomarte.com.br
2ª f., 4ª f., 5ª f. e 6ª f., das 12h às 16h e das 18h30 à 0h;
sáb., das 12h à 0h

🚗 sim 💳 A|D|M|V $$ 🅿 sim 🍴 sim 🕐 sim ♿ sim

Pegue um filé alto e bem grelhado e jogue sobre ele uma boa quantidade de Catupiry. Por cima, um monte de alho frito. Sirva com feijão cremoso, arroz soltinho, batata frita sequinha e farofa bem tostada. Esse é o filé ao pato, carro chef do Tempero com Arte, um dos melhores restaurantes de Teresópolis, com cardápio bastante variado, serviço cordial e honesto e uma carta de vinhos das melhores da Serra. A feijoada aos sábados é concorrida, e as sopas servidas no pão italiano são uma boa pedida para as noites frias: tem

>>

de aspargos, de cebola, de ervilha e um rico caldo verde. Do forno a lenha saem muitas das especialidades, como a bruschetta de boursin, feita com queijo de cabra, presunto de Parma, tomate e manjericão, e o corniccione rosso (massa de pizza fininha com molho de tomate, alho e parmesão). A seleção de pizzas tem opções exóticas, como a de carne-seca com Catupiry, além de versões mais tradicionais. O cardápio lista pratos como coelho ao vinho, steak au poivre e uma boa seleção de pratos com truta. Para sobremesa, peça o doce caseiro de laranja-da-terra.

Ten Kai Um japa além do óbvio

Cozinha japonesa

Rua Senador Dantas, 75 – Centro – Rio de Janeiro
Tel.: (21) 2240-5898 | www.tenkai.com.br
2ª f. a 6ª f., das 11h às 16h

🚗 não   💳 A|D|M|V   💲💲💲   🐾 sim   ✂ sim   Ⓝ não   ♿ não

Filial Rua Prudente de Moraes, 1.810 – Ipanema – Rio de Janeiro
Tel.: (21) 2540-5100
2ª f. a 6ª f., das 19h à 1h; **sáb.,** das 13h à 1h; **dom.,** das 13h à 0h

A língua bovina fatiada finamente, e grelhada, mostra que o Ten Kai, um dos melhores japas do Rio, vai muito além do óbvio. Não faltam bons sushis e sashimis, mas o mais interessante é percorrer as raridades, de preferência em algumas das mesas do segundo piso ou mesmo em um cantinho do balcão: o minipolvo, a água-viva com barbatana de tubarão, as ovas de bacalhau

>>

apimentadas, a lula japonesa e as receitas com ouriço garantem uma experiência diferente. Nessa linha, encontramos o chawan mushi, um pudim de ovo com camarão e shitake, e o nirá com fígado de frango, dois pratos surpreendentes. A casa de Cesar Hasky também tem saquês raros, apresentando uma das maiores e melhores seleções da cidade. Vale a pena investir em um cardápio harmonizado com eles, que abrilhantam alguns dos bons drinques do bar.

Térèze — Clássicos brasileiros com um toque francês ou vice-versa

Variados

Rua Almirante Alexandrino, 660 – Santa Teresa
Rio de Janeiro (Hotel Santa Teresa)
Tel.: (21) 3380-0220
http://santa-teresa-hotel.com/restaurante
2ª f. a 6ª f., das 12h às 15h30 e das 19h às 23h;
sáb. e dom., das 12h às 23h

🚗 sim   💳 A|D|M|V $$$$ 🛵 não   🚭 não   🕐 sim   ♿ não

Pegue clássicos brasileiros, como o caldinho de feijão, e dê um toque francês, ou vice-versa, pintando cores verde-amarelas em receitas *bleu, blanc, rouge*. O tal caldinho de feijão é preparado com grãos brancos, temperado com azeite de trufas e servido com ovo de codorna e farofa de castanha. Outro feliz encontro dessas tradições culinárias ocorre com o mil-folhas com sorbet de cupuaçu. Damien Montecer, o chef, é craque: já trabalhou com

>>

Ducasse e Gordon Ramsay. Além de tudo isso, o lugar é lindo, com mesas espaçadas e boa vista. Fica melhor ainda à noite, com as luzes da cidade. Ao lado está o Bar dos Descasados, e começar a noite com alguns dos bons petiscos e drinques é uma boa maneira de fazer uma visita ao Hotel Santa Teresa; puro romantismo. Passar uma noite lá pode ser uma boa ideia mesmo para os cariocas.

Terraço · Boa comida, bela vista

Variados

Rua Araújo Porto Alegre, 36, cobertura – Centro
Rio de Janeiro
Tel.: (21) 2220-2952
2ª f. a 6ª f., das 11h30 às 23h

🚗 não 🍽 A|D|M|V 💲💲 🚲 não ❌ sim 🟢 sim ♿ não

À nossa frente temos as linhas modernistas do Edifício Gustavo Capanema. Instalado na cobertura de um prédio comercial de localização estratégica, o restaurante Terraço oferece um lindo panorama do Centro, alcançando a Baía de Guanabara, a Biblioteca Nacional, o Theatro Municipal e a Assembleia Legislativa. Uma beleza. A cozinha também. Boa parte dos funcionários foi herdada do restaurante que funcionava ali, assim, alguns pratos do antigo cardápio acabaram ficando, como o famoso hambúrguer e o nasi goreng, um rico arroz frito à moda oriental, estrela de todas as terças-feiras. Da nova safra de receitas, um risoto de pato com palha de aipim.

Terzetto
Um dos melhores italianos do Rio

Cozinha italiana

Rua Jangadeiros, 28 – Ipanema – Rio de Janeiro
Tel.: (21) 2247-6797 | www.terzetto.com.br
2ª f. a 6ª f., das 18h à 0h20;
sáb. e dom., das 12h à 0h20

🚗 sim 💳 A | M | V 💲💲💲💲 🛵 sim 🚭 não 🕐 sim ♿ sim

O restaurante sentiu a perda de João Souza, o sommelier que comandava o salão e ficava de olho na cozinha, mas continua sendo um dos melhores italianos do Rio. Boa parte do mérito se deve aos pães e às massas feitas na casa, que tem logo ao lado uma espécie de filial mais popular, o Terzetto Café, onde podemos tomar café, fazer uma refeição ligeira e comprar pães, vinhos ou algum dos itens expostos no balcão, como as ótimas terrines. No restaurante, um excelente começo é propiciado pelas vieiras gratinadas com molho cremoso. O cordeiro assado lentamente, servido com o molho de seu próprio cozimento, acompanhado por algum risoto, é uma das melhores pedidas. O ossobuco de

>>

T

vitelo é muito bom, tanto servido inteiro quanto desfiado, recheando raviólis com molho de açafrão. Outra maneira interessante de percorrer o cardápio é optar por algum dos menus degustação bem montados, à maneira italiana, com antipasti, primo e secondo piatti.

Trigo
Gostosuras de uma casa de campo

Variados

Estrada Bernardo Coutinho, 2.651 – Araras – Petrópolis
Tels.: (24) 2225-1730/9216-0089
6ª f. e sáb., das 13h à 0h; **dom.,** das 13h às 18h

🚗 sim   💳 D | M $$$$ 🚭 não   🚬 não   🌙 sim   ♿ sim

Araras, em Petrópolis, tem uma coleção de ótimos restaurantes, e o Trigo é um dos melhores. Sem frescuras, e talvez por isso tão agradável, o lugar é uma casa de campo adaptada, com algumas mesas espalhadas em um salão, um bar de madeira, paredes de pedra e uma área externa coberta, com muito verde ao redor. A rabada servida com polenta é uma das mais saborosas de que se tem notícia, com carne fantástica. A feijoada também. A cozinha segue a linha caseira, e fica a impressão de que estamos na casa de um amigo. É mesmo isso. Os donos cuidam do atendimento, se revezando entre o salão e a cozinha, de onde saem gostosuras como o bife à milanesa com ovo e purê. Simples assim, delicioso também.

Truta Rosa

Pescados

Vale de Santa Clara, s/nº – Visconde de Mauá – Resende
Tel.: (24) 3387-1149
sáb. e dom., das 12h às 18h

🚗 sim 🍽 não 💲💲 🅿 não 🍷 não 🕙 sim ♿ não

Um dos poucos lugares a servir o sashimi de truta salmonada, que se vale do frescor do peixe, criado ali mesmo, e que também abrilhanta outros pratos feitos com a carne crua, como o carpaccio e o ceviche, preparado no suco de limão. São vários tanques rodeando a construção, e os que quiserem podem até lançar os anzóis. O restaurante é agradável, com vista para as montanhas valorizadas pelas paredes de vidro. De maio a julho, encontramos as ovas do peixe. Entre as receitas de pratos principais, o destaque vai para a sakana, elaborada à moda japonesa, com uma truta inteira assada na brasa, servida com cogumelos e molho teryaki.

Trutas do Rocio

Pescados

Estrada da Vargem Grande, 6.333, Km 76 da Rodovia Rio-Juiz de Fora – Rocio – Petrópolis
Tels.: (24) 2291-5623/2291-5684 | www.trutas.com.br
sáb., dom. e fer., das 12h às 16h (apenas com reserva)

🚗 sim 🍽 não 💲💲💲 🅿 não 🍷 não 🕙 sim ♿ não

Vamos subindo a Estrada da Vargem Grande, que conduz à parte mais alta do Rocio. Escondidinho, à esquerda, está o restaurante Trutas do Rocio, que funciona em uma propriedade dedicada à produção desse peixe, servido em várias receitas inovadoras. Rodeados pela mata, almoçamos em uma casinha de madeira com muitas janelas para deixar a paisagem entrar. Faça reserva porque o lugar é pequeno e costuma lotar. Uma das iguarias diferentes é o ceviche. Há, ainda, patê, salgadinhos e ovas... de truta, claro, que também pode ser servida defumada (os bolinhos de aipim são recheados com a carne preparada desse jeito). Como prato principal, trutas com molho de amêndoa ou alcaparras, ou defumadas com mostarda.

Universo Orgânico — Sarado e gostoso

Sucos, naturebas, café da manhã, saladas

Rua Conde de Bernadote, 26, lojas 105 e 106 – Leblon
Rio de Janeiro
Tels.: (21) 3874-0186/2274-8983
www.universoorganico.com
2ª f., das 8h às 19h; **3ª f. a 5ª f.,** das 8h às 21h30;
6ª f. e sáb., das 8h às 23h40; **dom.,** das 11h às 20h30

🚗 não 💳 A|M|V 💲💲💲 🐾 sim ⌗ não 🈂 não ♿ sim

Ali podemos encontrar um masala indiano para levar para casa enquanto apreciamos um bom suco energético. Podemos almoçar uma panqueca de linhaça dourada com cenoura, abobrinha, pimentão, ervas e molho de cogumelos com tomate e castanha-

-de-caju ou um falafel com molho de gergelim, chutney de manga e cuscuz de couve-flor. Misto de restaurante, casa de sucos e loja de produtos naturais, segue a linha raw food preparada com legumes, verduras, grãos e frutas (frescas e secas). Tem até seção de pratos infantis, com hambúrguer de tofu com molho de castanha--de-caju servido com salada de couve-flor e cenoura. Os sucos são divididos em três tipos: da luz, da vida e dos chacras (o azul mistura blueberry com tangerina). Para os interessados no tema, a chef Tiana Rodrigues dá cursos e workshops.

¡Venga! Clássicos de Espanha

Tapas

Rua Dias Ferreira, 113, loja B – Leblon – Rio de Janeiro
Tel.: (21) 2512-9826
2ª f., das 18h à 1h; **3ª f. a dom.,** das 12h à 1h

🚗 não 💳 A|D|M|V 💲💲 🚲 não 📷 não 🕐 não ♿ não

Filial Rua Garcia d'Ávila, 147, loja B – Ipanema – Rio de Janeiro
Tel.: (21) 2247-0234 | www.venga.com.br
2ª f. a 4ª f., das 12h à 0h; **5ª f. e 6ª f.,** das 12h à 1h; **sáb.,** das 9h à 1h; **dom.,** das 9h à 0h

A novidade da temporada nesse bar de tapas com matriz miudinha no Leblon e filial mais espaçosa em Ipanema é o "Venga a los fogones", um espaço reservado

>>

V

para grupos de 8 a 15 pessoas no terceiro andar da casa na Rua Garcia d'Ávila, com vista para a cozinha envidraçada e menu de tapas, que pode ou não ser harmonizado com vinho. Os dois endereços vivem lotados, resultado de uma fórmula de sucesso: ambiente agradável, decorado com garrafas de azeite e vinho, latas de conserva e mesinhas de madeira, com um cardápio gostoso e variado, à base de receitinhas clássicas da Espanha. O pulpo a la gallega, com páprica e batata, é um clássico desde os primórdios. Aos poucos, novos pratos vão sendo agregados, como o rabo de buey al Pedro Ximenez – em outras palavras, uma deliciosa rabada com molho de Jerez.

Vero

Sorvete para todos

Sorveterias

Rua Visconde de Pirajá, 260 – Ipanema – Rio de Janeiro
Tel.: (21) 3497-8754 | www.gelatovero.com.br
2ª f. a dom., das 10h30 às 22h (verão) e das 10h30 às 20h (demais estações)

🚗 não 🍽 não 💲 ♨ sim ❌ não 🚭 não ♿ não

Partindo do princípio de que tudo que se come pode virar sorvete, a Vero fez versão gelada até da feijoada. Entretanto, não se assuste: também encontramos sabores convencionais e são eles que enfeitam a geladeira na casa de Ipanema, toda decorada com madeira. As opções, cerca de cinquenta por dia, mudam regularmente, de acordo com a época: o sorvete de caqui é uma bênção. Entre os tradicionais temos café, pistache e avelã. Também há ótimo acervo de frutas brasileiras: cajá, cupuaçu, goiaba. São todos feitos ali mesmo, artesanalmente, e podemos acompanhar a produção através de uma televisão, com câmera ligada no andar de cima, onde eles são preparados.

Vivenda Les 4 Saisons

Sonho realizado

Variados

Rua João Cordeiro da Costa e Silva, 2.000 – Graminha – Engenheiro Paulo de Frontin
Tel.: (24) 2463-2892 | www.les4saisons.com.br
2ª f. a dom., das 13h às 17h e das 19h às 22h (somente com reserva)

 sim   não $$$$ não   não   sim   sim

Esse hotel e restaurante muito simpático em Engenheiro Paulo de Frontin, no Vale do Café, é a realização do sonho do holandês Jos Boomgaardt, que chegou a ter restaurante dono de estrela Michelin. Só funciona com reservas. No grande casarão à beira de um lago, com piscina e muito verde ao redor, ele prepara cardápios que mesclam técnicas e influências asiáticas e europeias com uma ou outra coisinha bem brasileira, como o caqui servido em forma de zabaione com vinho branco. A Tailândia é a mais forte influência, pois o chef é professor de uma escola de gastronomia em Bangcoc, para onde viaja ao menos duas vezes ao ano, e é de lá que chega boa parte dos objetos de decoração. Os cardápios mudam bastante, de acordo com os ingredientes da estação.

Warabi

O Japão em Mauá

Cozinha japonesa e românticos

Estrada Maringá-Maromba, Alto Maringá – Visconde de Mauá – Resende
Tels.: (24) 3387-1143/9257-5045
5ª f. a dom., das 13h às 23h (baixa temporada); **2ª f. a dom.,** das 13h às 23h (alta temporada)

 sim   D|M|V $$ não   não   não   sim

 >>

O melhor mesmo é se hospedar ali, curtir a atmosfera japonesa em plena Serra, rodeado pelo verde das montanhas. A pousadinha de poucos quartos, cada um decorado de um jeito, é uma graça, e tudo remete ao Japão, inclusive, é claro, a comida. Há ofurô, ateliê de cerâmica, laguinho, portal vermelho. Um dos quartos agrada em cheio os apreciadores de Baco: a Casa do Vinho, pois tem adega e piscina privativas. O restaurante é um dos melhores de Mauá, fugindo completamente do estilo mais calórico que vigora nas alturas. Ali comemos sashimis e sushis delicados, que podem ser preparados com trutas da região, teppan yakis bonitos, tempuras crocantes... O café da manhã pode ser do tipo colonial ou japonês, com direito a chá-verde.

Yalla
Amir versão fast-food

Sanduíches, árabe, comidas rápidas

Rua Dias Ferreira, 45-A – Leblon – Rio de Janeiro
Tel.: (21) 2275-4395 | www.yallabyamir.com.br
dom. a 5ª f., das 11h30 à 0h;
6ª f. e sáb., das 11h30 às 2h

🚗 não   💳 A|D|M|V   💲💲   🛵 sim   ❌ sim   🚭 não   ♿ não

Nos últimos tempos, muitas kebaberias abriram as portas no Rio. Talvez a única que tenha realmente dado certo e que mereça ser visitada é a Yalla, que tem boa

>>

genética: são os mesmos donos do Amir (ver p. 50), o melhor árabe do Rio, em Copacabana (que, como se sabe, tem nos sanduíches uma das especialidades da casa). O shawarma, que mistura carnes de boi e cordeiro em tiras com cebola, hortelã, tomate e molho tahine, e a kafta estão entre os carros-chefe do enxuto cardápio, que lista ainda um sanduíche vegetariano, o falafel, e o maane, com recheio de linguiça de cordeiro com homus, salsa, cebola e tahine. Também há saladas árabes, esfirras e quibes, pastinhas e uma deliciosa batata frita com zathar, tudo com DNA Amir, o que garante a excelência.

Yorubá

Tempero afro-baiano

Cozinha baiana

Rua Arnaldo Quintella, 94 – Botafogo – Rio de Janeiro
Tel.: (21) 2541-9387
4ª f. a 6ª f., das 19h às 23h; **sáb. e dom.,** das 12h às 19h

🚗 não   💳 A | M | V $$ ♿ não   🚭 não   Ⓢ não   ♿ não

Tudo começa com um acarajé e termina com cocadas preparadas de maneira exemplar. Entretanto, não pense que o Yorubá é apenas mais um restaurante convencional da terra de Jorge Amado e Dorival Caymmi. Ali encontramos os pratos mais conhecidos da cozinha afro-baiana, como o bobó de camarão cremoso e as moquecas, perfumadas que só elas. Contudo, também podemos escolher receitas menos óbvias, como o ebubu fulô, um peixe feito com leite de coco, camarão defumado e purê de banana-da-terra, servido com molho do crustáceo fresco. O piripiri é um arroz picante de camarões com gengibre e leite de coco que deixa saudades. A casa, escondidinha pela fachada discreta e sem

>>

Y/Z

letreiro, em Botafogo, tem serviço simpático, e a chef Neide Santos sempre circula pelo salão. Não perca a oportunidade de puxá-la para um papinho sobre caruru, vatapá, munguzá e o segredo das melhores pimentas, passando também, claro, pela decoração de motivos africanos.

Zazá Bistrô · Criativo, consistente, leve e ousado

Modernos, variados, românticos

Rua Joana Angélica, 40 – Ipanema – Rio de Janeiro
Tel.: (21) 2247-9101 | www.zazabistro.com.br
dom., das 13h30 à 0h30; **2ª f. a 5ª f.,** das 19h30 à 0h30; **6ª f.,** das 19h30 à 1h30;
sáb., das 13h30 à 1h30

🚗 sim | 🍽 M | 💲💲💲 | 🐾 não | 🚭 não | 🕐 sim | ♿ não

A cozinha do chef Pablo Vidal, uma das maiores revelações da gastronomia carioca, é criativa e consistente, leve e ousada. Contemporânea. A simpática casinha azul de Ipanema tem fortes inclinações orientais, expressas no duo de lula e camarão em sunomono de lichia, no atum semicru com vegetais e camarões ao molho de maracujá com crisp de couve e de gengibre com arroz jasmim e cardamomo, bem como na degustação de rolinhos asiáticos. Aqui e ali, encontramos elementos brasileiros, peruanos e europeus, como na feliz união entre os camarões flambados com especiarias e o risoto ao limão. O ceviche de frutos do mar e namorado marinados em suco de laranja com frutas tropicais e coentro ou as tapioquinhas vegetarianas, feitas com queijo de coalho e tomates, servidas com molho de damasco e gengibre, exemplificam a mistura. Para a sobremesa, podemos optar pela degustação dos doces, mas

>>

o melhor mesmo é se entregar ao carpaccio de banana brûlée, montado sobre creme de ovos moles e canela com sorvete de tapioca. A carta de drinques está entre as melhores da cidade.

Zozô Aos pés do bondinho

Modernos, variados

Avenida Pasteur, 520 – Urca – Rio de Janeiro
Tels.: (21) 2542-9665/2295-5659 | www.zozorio.com.br
3ª f. a sáb., das 12h às 16h e das 20h à 0h; **dom.,** das 12h às 17h

🚗 não 🍽 A|D|M|V $$$ 👥 não ✕ sim 🕐 sim ♿ não

O restaurante, ao lado da estação de bondinhos do Pão de Açúcar, pode ser um complemento perfeito ao passeio no cartão-postal. O chef Marcelo Tanus atualizou o cardápio e apresenta novidades interessantes, como o ravióli de abóbora e nozes com fonduta de brie e espinafre sauté. Alguns pratos levam assinatura, como a tarte tatin de tomates, seguindo receita do francês Daniel Boulud, e a torta de frango do Claridge's, de Gordon Ramsay. Tanus acabou com o sistema de rodízio de carnes que reinava desde a inauguração, criando um cardápio moderno, com referências clássicas e iguarias bem boladas, como o nhoque com calabresa, rúcula, favas e creme de parmesão. A lista de sobremesas merece consideração, e combinações como a queijadinha da casa, com morangos macerados na grapa e vinagre balsâmico, servida com sorvete de tapioca, podem causar agradável surpresa.

Zuka

Cozinha cheia de graça

Cozinha contemporânea, variados

Avenida das Américas, 4.666 – Barra da Tijuca – Rio de Janeiro (BarraShopping)
Tel.: (21) 2512-8545 | http://zuka.com.br
2ª f. a 5ª f., das 10h às 22h; **6ª f. e sáb.,** das 10h às 23h; **dom.,** das 10h às 19h

🚗 sim 💳 A|M|V $$$ 🐾 não ❌ não ⚲ sim ♿ sim

Filial Rua Dias Ferreira, 233 – Leblon – Rio de Janeiro
Tel.: (21) 3205-7154
2ª f., das 19h à 1h; **3ª f. e 4ª f.,** das 12h às 16h e das 19h à 1h;
5ª f. e 6ª f., das 12h à 1h; **sáb.,** das 13h à 1h; **dom.,** das 13h à 0h

A chef Ludmila Soeiro é uma das mais talentosas da cidade, com vocação para criar pratos cheios de graça, bonitos e saborosos, surpreendentes, mas cobertos de referências clássicas. Há receitas que precisam ser provadas, como o atum semicru com tagliatele de palmito com infusão de raiz-forte ao leite e o harumaki de paleta de cordeiro. Craque no preparo do foie gras, ela criou uma iguaria que traz à mesa elementos doces, ácidos e picantes, com um toque de flor de sal. Brilhante. O fígado gordo aparece em outras receitas acertadas, como o filé de peixe, nesse caso servido com beterraba caramelada e abobrinha. Na hora dos doces, a chef também mostra competência ao servir sobremesas deliciosas, como os imperdíveis ovos moles com sorvete de canela e a torta quente de pera com sorvete de iogurte.

carioquices

Beco das Sardinhas

Rua Miguel Couto, próximo à esquina com a Rua do Acre – Centro – Rio de Janeiro

Adega e Bar Quinta das Videiras: 2ª f. a 6ª f., das 9h às 22h

Bar Tesouro – Esquina das Sardinhas: 2ª f. a 6ª f., das 8h às 22h

O Rei dos Frangos Marítimos: 2ª f. a 6ª f., das 11h às 22h

Ocidental: 2ª f. a 6ª f., das 8h às 22h; **sáb.,** das 8h às 15h30

Quina de Ouro – Rei das Sardinhas: 2ª f. a 6ª f., das 8h às 22h

Reza a lenda que os cinco bares que formam esse enclave pitoresco da baixa gastronomia carioca pertenceriam aos mesmos donos e que, debaixo da rua, haveria uma cozinha comum a todos. Pode ser, já que a especialidade do quinteto, a sardinha aberta ao meio e frita à milanesa, também chamada de "frango marítimo", é bem parecida em todos eles. O fato é que esse é um dos lugares perfeitos para uma *happy hour* popular, em que se misturam frequentadores de todas as classes, do servente de obras ao alto executivo. Para acompanhar, cerveja e cerveja; e tanto faz se no Ocidental, no Bar Tesouro – Esquina das Sardinhas, no Quina de Ouro – Rei das Sardinhas, no Rei dos Frangos Marítimos ou na Adega e Bar Quinta das Videiras.

Cachaças de Paraty

Entre os vários sinônimos de cachaça listados pelos dicionários, está lá: Paraty. A cidade do Sul Fluminense já chegou a ter duzentos alambiques. Hoje tem cerca de dez. Pouco? Não, já houve menos, e aos poucos a quantidade vai aumentando. O que importa, como sabemos, é a qualidade, e isso Paraty tem de sobra. Entre os bons produtores estão a Coqueiro, a Engenho d'Ouro e a Corisco.

No Centro Histórico há algumas cachaçarias que, além de vender a produção local, também têm representantes de todo o país. É o caso do Empório da Cachaça, que prepara uma expansão que vai permitir a venda de cerca de quinhentas pingas diferentes e a exposição de cinco mil rótulos – a coleção do dono, que produz a cachaça Paratiana, com oito tipos diferentes em sua linha. Alguns alambiques, como Coqueiro, Corisco e Engenho d'Ouro, estão abertos aos visitantes.

Para celebrar a bebida, no terceiro final de semana de agosto, é realizado o Festival da Pinga, uma festa que anima a cidade com barraquinhas em que é possível comprar artesanato típico e provar as iguarias locais, entre elas, claro, a cachaça – que, muitas vezes, é preparada com frutas e especiarias, como a com banana caramelada e a Gabriela, com cravo e canela. Em 2007, a cidade recebeu do Instituto Nacional da Propriedade Industrial (INPI) o Certificado de Indicação Geográfica de Procedência "Paraty" para a cachaça.

Cachaças de Paraty

ALAMBIQUES:

Coqueiro: Destilaria Engenho d'Água – Fazenda Cabral – 2º Distrito – Paraty (acesso pelo Km 578 da BR-101)
Tel.: (24) 3371-0016 | www.cachacacoqueiro.com.br
Todos os dias, das 8h às 18h

▭ não

Corisco: Estrada do Corisquinho, s/nº – Corisco – Paraty (acesso pelo Km 577 da BR-101)
Tel.: (24) 3371-0894
2ª f. a 6ª f., das 7h às 17h; **sáb.,** das 7h às 12h

▭ não

Engenho d'Ouro: Estrada Paraty-Cunha, Km 8 – Paraty (antigo Caminho do Ouro)
Tel.: (24) 9905-8268 | www.engenhodouro.com.br
Todos os dias, das 8h30 às 17h30

▭ não

CACHAÇARIAS:

Armazém da Cachaça: Rua da Lapa, esquina com a Rua do Comércio – Centro Histórico – Paraty
Tel.: (24) 3371-7519
2ª f. a 5ª f., das 9h30 às 22h30; **6ª f.,** das 9h30 às 23h; **sáb.,** das 9h30 à 0h; **dom.,** das 9h30 às 22h

▭ A|D|M|V

Empório da Cachaça: Rua Samuel Costa, 22 – Centro Histórico – Paraty
Tel.: (24) 3371-6329
2ª f. a 6ª f., das 9h30 às 22h; **sáb.,** das 9h30 à 0h; **dom.,** das 9h30 às 22h

▭ A|D|M|V

Associação dos Produtores e Amigos da Cachaça Artesanal de Paraty: www.apacap.com.br

Comida de praia

O Biscoito Globo (www.biscoitoglobo.com.br) é a cara do Rio: nasce na Lapa e é consumido nas praias cariocas – e nos engarrafamentos, nas praças... Em dupla com o Matte Leão, que nos últimos anos passou a ser novamente vendido em galões, é o maior clássico das areias da cidade. Outro que não pode faltar são os sorvetes Itália (ver p. 256).

Os frequentadores de Ipanema adoram o sucolé do Claudinho (www.sucoledo claudinho.com.br), que há 20 anos refresca a moçada com vários sabores de frutas. No mesmo bairro, os sanduíches do Uruguaio, quase em frente ao Posto 9, são famosos. Uma pena que o Choque de Ordem tenha retirado a churrasqueira, em que eram assadas linguiças e maminhas ótimas, servidas no pão com um molho chimichurri fantástico. Depois de assadas em outro lugar, as carnes ficam em isopores, mas ainda vale muito a pena prová-las. Outro que fez fama ali nas cercanias do Posto 9 foi o jovem Rafael Marques, criador do hareburguer (http://hareburger.com), preparado com carne de soja, queijo cheddar, tomate, alface e mostarda – um sucesso total. Depois nasceram outras receitas, como a que leva shitake.

Apesar disso, não existe no calçadão de Ipanema nenhum quiosque digno de nota. No Leblon, há apenas um, o Quiosque do Português (ver p. 238). Copacabana, cujos quiosques passaram – e continuam passando – por reforma, tem opções simpáticas, com estrutura de cozinha e banheiros para os clientes. Vale a pena passar o fim de tarde em algum desses quiosques.

Comida de praia

Na Barra, a Barraca do Pepê (www.pepe.com.br) lançou a moda dos chamados sanduíches naturais. Ali, sim, eles são bem interessantes até hoje (não são cheios de maionese e milho em conserva que, de natural, não têm nada). O de pasta de frango ao curry com cenoura, alface, rúcula e batata palha é um clássico. Para acompanhar, sucos, vitaminas e tigelas generosas de açaí.

Feijoadas

"Provei do famoso feijão da Vicentina. Só quem é da Portela é que sabe que a coisa é divina." Como na música de Paulinho da Viola, samba e feijoada são uma das combinações mais cariocas. Durante o Carnaval, o prato mais popular do Brasil é servido em vários restaurantes e hotéis – uma antiga tradição. Entretanto, é possível degustar essa dupla ao longo de todo o ano. Alguns hotéis da Zona Sul servem, aos sábados, feijoada com roda de samba, como o Caesar Park, em Ipanema, mas o melhor mesmo é sair em direção à Zona Norte, onde as próprias escolas de samba promovem, uma vez por mês, uma tarde com muita música e belos panelões de feijão. A mais famosa de todas é a feijoada da Portela, seguida pela da Mangueira, que, recentemente, ganhou um prêmio gastronômico, batendo as escolas rivais.

Feijoadas

Império Serrano: Avenida Ministro Edgar Romero, 114 – Madureira – Rio de Janeiro
Tels.: (21) 2489-8722/2489-5696 | http://imperioserranoblog.wordpress.com
3º sábado do mês, das 13h às 18h
(Na feitura deste guia, a quadra estava em obras, com previsão de conclusão em janeiro de 2012. Até lá, a feijoada é servida no Arrastão de Cascadura, na Rua Caetano da Silva, 700, Cascadura.)

Mangueira: Rua Visconde de Niterói, 1.072 – Mangueira – Rio de Janeiro
Tel.: (21) 2567-4637 | www.mangueira.com.br
2º sábado do mês, das 13h às 18h

Portela: Rua Clara Nunes, 81 – Madureira – Rio de Janeiro
Tel.: (21) 2489-6440 | www.gresportela.com.br
1º sábado do mês, das 13h às 18h
(Na feitura deste guia, a quadra estava em obras, com previsão de conclusão em janeiro de 2012. Até lá, a feijoada é servida no River Clube, na Rua João Pinheiro, 426, Piedade.)

Salgueiro: Rua Silva Teles, 104 – Andaraí – Rio de Janeiro
Tel.: (21) 2238-0389 | www.salgueiro.com.br
2º domingo do mês, das 13h às 17h

Vila Isabel: Avenida 28 de Setembro, 382 – Vila Isabel – Rio de Janeiro
Tel.: (21) 2578-0077 | www.gresunidosdevilaisabel.com.br
1º sábado do mês, das 13h às 18h

Feiras

Há feiras que só poderiam existir no Rio, como a da Rua Garibaldi, na Tijuca, a qual, durante algum tempo, entre suas muitas barracas, tinha uma alugada pelo sambista Moacyr Luz, que promovia animadas rodas tarde adentro, com muito churrasco, panelões de cozido, cerveja, pinga e outros bambas. Na Praça São Salvador, em Laranjeiras, é famosa a roda de choro aos domingos, em que podemos ouvir música de primeira qualidade ao sabor da água de coco de alguma das barracas, além dos bolinhos de bacalhau do Mazzaropi, que circulam no meio da praça em uma travessa de alumínio. Para completar, as caipirinhas da Barraca do Luizinho, que também é uma bela loja de discos, com ênfase, claro, no choro, no samba e na nova MPB.

As feiras livres muitas vezes reservam segredos incríveis. É o caso do Sushi do Arnaldo, uma barraca que virou, digamos, uma lanchonete japonesa. Os peixes sempre frescos garantem clientela fiel que bate ponto nos dias de funcionamento das feiras livres em vários locais da cidade: Grajaú, Andaraí, Jacarepaguá e Ilha do Governador. Para saber onde ele está, basta ligar para (21) 7831-5625 ou seguir a programação da página 286.

O feirante empreendedor ganhou fama recentemente e serve uma boa variedade de pratinhos com peixe cru e arroz: temaki, sushi, sashimi, com direito a serviço em barquinho de madeira e equipe uniformizada com quimono e faixa na cabeça. O pessoal come ali de pé, com cervejinha para acompanhar. Um programa tão carioca quanto ir ao Maracanã.

Feiras

A cidade já tem hoje o Circuito Carioca de Feiras Orgânicas, espalhado principalmente pela Zona Sul: Ipanema, Leblon, Jardim Botânico e Copacabana. São feiras pequenas, com produtos frescos, como verduras, frutas e legumes, além de alimentos como pães, bolos, queijos, geleias e biscoitinhos, produzidos de maneira artesanal e sustentável, usando matéria-prima pura, livre de agrotóxicos.

As agências de turismo já começaram, literalmente, a perceber o potencial desse mercado. A Curumim (tel.: 21-2217-7199, www.curumim.tur.br), agência de turismo cultural e ecológico, em parceria com o restaurante Aprazível (ver p. 55), montou um programa bastante interessante. Primeiro, o grupo vai para alguma feira livre ver os alimentos, provar e fotografar. Ali, compram-se alguns ingredientes que serão

Rua Borba do Mato, esquina com Rua Juiz de Fora – Grajaú
3ª f., das 6h às 13h

Avenida Geremário Dantas – Jacarepaguá (Praça da Lona Cultural)
4ª f., das 6h às14h

Avenida Júlio Furtado, em frente ao nº 178 – Grajaú
6ª f., das 6h às 14h

Feira da Praça da Ribeira – Ilha do Governador
sáb., das 6h às 15h

Rua Araripe Júnior – Andaraí
dom., das 6h às 14h

usados no almoço-aula a ser realizado no restaurante, em Santa Teresa. Para completar, pode-se incluir degustação de cachaças ou de vinhos brasileiros.

Mercados

Antes mesmo de Tom Jobim passar suas tardes no Arataca (ver p. 57), que existia na Cobal do Leblon, os cariocas já tinham o hábito de frequentar botecos em mercados. Hoje essa mania ganha novos adeptos todos os dias.

O Cadeg (www.cadeg.com.br), em Benfica, virou centro de peregrinação de boêmios e apaixonados por uma boa comida. O clássico Cantinho das Concertinas (ver p. 105) e o novato Barsa (ver p. 83) atraem um público crescente, que vai até lá geralmente em grupo. Além dos dois, o mercadão que abriga muitas barracas de flores, alimentos e bebidas tem outro restaurante famoso: o Poleiro do Galeto (tel.: 21-3860-7198), um clássico das madrugadas cariocas, que funciona das 22h às 15h, servindo porções monumentais de filé com fritas e farofa – às sextas-feiras, há um cabrito imperdível.

A Cobal do Leblon anda meio tristonha, mas ainda assim é possível comprar ali bons produtos, como legumes, verduras e queijos. Os bares ficam cheios à noite e nos fins de semana, especialmente em dias de jogo de futebol. Quem domina a área externa com mesas espalhadas ao ar livre é o Pizza Park (www.pizzapark.com.br), um clássico das noites cariocas, com endereços também na Cobal do Humaitá, na Tijuca e no Shopping Via Park, na Barra da Tijuca. Aqui, a fórmula para agradar a clientela é servir chope gelado com pizzas caprichadas, de massa fina, como a Asterix e a Obelix.

Do outro lado do mercado, voltado para a Rua Conde Bernadotte, está o Botequim Bate Papo, que tem rodas de samba animadas. O bar, em vez de ter um site, apostou na criação de um blog (http://botequimbatepapo.blogspot.com), no qual apresenta a programação, as fotos dos eventos, alguns pratos...

A Cobal do Humaitá, por sua vez, cada dia mais deixa de ser um mercado para se transformar em centro gastronômico e de entretenimento. São muitos bares e restaurantes, e alguns açougues, quitandas, lojas de vinho, mercadinhos e afins – tem até loja de decoração. Além do próprio Pizza Park, o repertório de bares inclui o concorrido Rota 66 (www.restauranterota66.com.br), de cozinha tex-mex, e o Joaquina (www.joaquinabar.com.br), com agradáveis mesinhas ao ar livre e cardápio variado, com algumas boas pedidas, como os pastéis de angu, a linguiça mineira, o carré de cordeiro com risoto de limão-siciliano e a costela no bafo. Também concorridas são as mesas externas do Galeto Mania (www.galetomania.com.br). A filial da rede japonesa Manekineko (www.manekineko.com.br) está sempre cheia, assim como o Puebla Café (tel.: 21-2286-5623), um simpático bar mexicano. O mercado tem até uma pequena casa de shows e boate, a Far Up (www.farup.com.br), com boa agenda musical.

Atravessando a Ponte, Niterói apresenta o seu Mercado São Pedro (tel.: 21-2620-3446), também conhecido como Mercado do Peixe, indicando a especialidade local. No andar inferior, são quase quarenta boxes, nos quais encontram-se

Mercados

os melhores peixes e frutos do mar do Rio, e é lá que muitos chefs e donos de restaurante vão diariamente. No segundo andar, alguns bares vendem cervejas geladas para acompanhar os pescados. O cliente é quem decide: pode tanto comprar os peixes, os camarões, as vieiras, os polvos e as lagostas que serão preparados ali, como deixar isso a cargo dos donos dos bares, e escolher algum prato do cardápio tradicional para saborear. Entre os locais mais famosos estão o Alto Minho e o Parada Bonde.

Segredinhos

Além dos endereços formais, também há uma série de lugares gostosos com programação especial, com funcionamento em dias marcados.

O Hansl, no Alto do Joá, com uma espetacular vista para a Barra da Tijuca, só abre aos domingos, às vezes às segundas-feiras. É sempre bom conferir. Apesar de pouco conhecido, tem um site bem montado (www.hansl.com.br), com fotos, cardápio e até o preço do rodízio de comida alemã, a especialidade da casa, que também se insinua para a cozinha suíça, servindo fondues. Para reservar, ligue (21) 2493-0279 ou mande um e-mail para hansl@hansl.com.br.

O Barteliê, por sua vez, funciona em um pequeno apartamento, da artista plástica Tetê Capell, em plena Rua Vinicius de Moraes, em Ipanema. De vez em quando, sem periodicidade, são realizadas ali noites animadas, regadas a cerveja, vinho, caipirinhas e crepes bem gostosos, servidos na sala. Há palestras, debates, projeções de fotografia e até mesmo pocket shows e peças de teatro. Só mesmo no Rio, só mesmo em Ipanema. Para ficar por dentro da programação, basta telefonar para (21) 2522-1141.

Outro apartamento que tem eventuais noites animadas e saborosas é o da chef Manoela Zappa, que recebe pequenos grupos para aulas de gastronomia em sua cozinha, no Alto Leblon. Os menus muitas vezes são temáticos, indo de tapas a receitas para o Dia dos Namorados. No afrodisíaco, por exemplo, os alunos aprendem a fazer bruschetinha de ovo de codorna trufado, camarões marinados

Segredinhos

em molho picante e grelhados com amêndoas, arroz com champagne e morangos fritos no azeite de oliva ou figos recheados de parma, salmão ao forno com especiarias e legumes salteados com molho de ostra, e uma adorável musse de chocolate com pimenta. Aqueles que preferirem também podem montar pequenos grupos e receber a chef em casa, que cria menus especiais para cada ocasião. Para entrar no mailing e fazer reservas, escreva para prosanacozinha@hotmail.com ou telefone para (21) 9777-2585.

Por fim, você sabia que vários chefs famosos podem ir até sua casa cozinhar? A lista é grande. Ludmila Soeiro, Frederic de Mayer e Claude Troisgros (que tem até o chamado Menu Confiance em domicílio) estão entre eles.

Vila Luiz Salvador

Don Bistrô: Estrada União e Indústria, 10.550 – Itaipava – Petrópolis (Vila Luiz Salvador)
Tels.: (24) 2222-6226/2222-5157
www.donbistro.com.br
4ª f. a sáb., das 12h à 0h;
dom., das 12h às 17h30

Sun Garden: Estrada União e Indústria, 10.578 – Itaipava – Petrópolis (Vila Luiz Salvador)
Tel.: (24) 4104-0775
3ª f. a 6ª f., das 10h às 18h;
sáb., das 10h às 20h;
dom., das 10h às 18h

Uma passada pela Vila Luiz Salvador, em Itaipava, é obrigatória para os que gostam de cozinha; a começar pela loja de cerâmica, que tem peças lindas, origem de tudo. Além dos produtos do artista que batiza esse pequeno centro comercial, há pelo menos outras duas e saborosas razões para parar por ali: o restaurante Don Bistrô e o Sun Garden. O primeiro, em ambiente simpático e agradável, tem cardápio variado e pratos gostosos, como magret de pato com molho de laranja com purê de batata-baroa e o creme de abóbora com gorgonzola. Funciona próximo a uma loja de vinho, e o preço das garrafas é bom. O segundo é uma pequena lojinha, com bolos, biscoitinhos, quiches, pães, salgadinhos, cafés...

índice

C

d

O *Guia do gosto carioca* foi concluído em outubro de 2011. Alguns dados estão sujeitos a alteração após esse período.

Se você quiser sugerir algum ponto gastronômico do Rio e arredores para a próxima edição do *Guia*, escreva para editora@rj.senac.br. Suas dicas serão avaliadas por nossa equipe.

Este livro foi composto nas tipografias PF Handbook e Rotis Semi Sans, por Mariana Nahoum | Cria Caso Publicações Customizadas, e impresso pela Gráfica Santa Marta, em papel *couché matte* 115g/m^2, para a Editora Senac Rio, em novembro de 2011.